Judy Waite

Sommer im Galopp

Judy Waite

Sommer im Galopp

Aus dem Englischen
von Simone Wiemken

Ravensburger Buchverlag

Lizenzausgabe
als Ravensburger Taschenbuch
Band 54345
erschienen 2009

Einmalige Sonderausgabe

Die Originalausgabe erschien 1991
bei Scholastic Children's Books, London
unter dem Titel „Sapphir"

Die deutsche Erstausgabe erschien 2001 bei
Loewe Verlag GmbH, Bindlach
unter dem Titel „Der Pferdezauberer – Saphir"

Umschlaggestaltung: Dirk Lieb
unter Verwendung einer Illustration
von Milada Krautmann

Printed in Germany

1 2 3 4 5 13 12 11 10 09

ISBN 978-3-473-54345-8

www.ravensburger.de

Es war sehr dunkel und beinahe schön. Doch die Knochen, die an den Schultern und am Rücken herausstanden, und das zerrupfte Mähnen- und Schweifhaar verrieten Nicky, dass dieses Pferd eine harte Zeit hinter sich hatte. Aber obwohl es abgemagert und ungepflegt war, machte es keinen gebrochenen Eindruck. Ganz im Gegenteil. Es war hellwach und strahlte eine ungeheure Energie aus. Nicky wollte diesem Pferd unbedingt näher kommen – nicht nur weil es so angespannt und misstrauisch wirkte, sondern vor allem wegen seiner Augen. Sogar durch den Frühnebel konnte Nicky sehen, dass diese Pferdeaugen ganz anders waren als alle, die er zuvor gesehen hatte. Sie waren blau. Nicht das helle, milchige Blau, das manchmal als „Glasauge" bezeichnet wird, sondern ein tiefes, dunkles, leuchtendes Blau, das das Pferd irgendwie fremdartig, aber auch faszinierend wirken ließ.

Nicky pfiff nach seiner Schäferhündin Sky. Sie kam angesaust und blieb an seiner Seite, als er näher auf das Pferd zuging.

Nicky ließ seinen Blick über die Koppel schweifen. Am anderen Ende, jenseits des Tores, waren ein paar Wohnwagen, ein alter Bus und ein Pferdeanhänger aufgetaucht. Ein Blick auf die Wohnwagen verriet Nicky, dass darin keine

Roma lebten, sondern Leute, die wie Hippies herumziehen. Da er in dieser Woche jeden Morgen mit Sky an dieser Stelle vorbeigekommen war, wusste er, dass sie noch nicht lange da waren.

Er schlich um eine kleine Baumgruppe herum und rief leise nach dem Pferd. Es legte die Ohren an und drehte sich dann plötzlich herum. Seine Vorderhufe flogen durch die Luft. Nicky blieb ganz ruhig. Er wendete sich von dem Pferd ab und starrte auf einen Baum in der Nähe des Tores. Er wusste genau, dass es keinen Sinn hatte, sich dem Pferd zu nähern, bevor es dazu bereit war. Es musste zu ihm kommen. Nur so konnte er sein Vertrauen gewinnen.

Das Pferd hatte sich wieder umgedreht und beobachtete Nicky. Er sah, dass es von Farben umgeben war, die leuchteten wie ein Feuerwerk. Schon als kleiner Junge hatte Nicky Farben gesehen, die Pferde umgaben, doch er hatte nie darüber gesprochen. Durch die Farben dieses Pferdes konnte er dessen Angst sehen. Es war bereit wegzulaufen.

Alles schien zu warten. Eine Spinne wippte in ihrem Netz. Eine pelzige braune Raupe rollte sich auf einem Blatt zusammen. Eine Elster in einem Busch sah schweigend zu.

Aus dem Augenwinkel sah Nicky, wie das Pferd einen Schritt auf ihn zu machte.

„Pass auf. Er wird auf dich losgehen."

Nicky fuhr herum und stellte erschrocken fest, dass auf einem der Bäume ein Mädchen saß, das ihn beobachtete.

„Ich … entschuldige … gehört er dir?"

Das Mädchen sprang vom Baum und stellte sich beinahe trotzig zwischen Nicky und das Pferd.

„Ja."

Nicky lächelte kurz. „Er ist toll."

Das Pferd sah immer noch misstrauisch aus, doch seine Ohren zuckten vor und zurück, als das Mädchen seinen Hals streichelte. Ihr Gesichtsausdruck wurde weicher. „Er hat schon bessere Tage gesehen."

Nicky sah zu, wie das Pferd seine Besitzerin sanft anpustete.

Sie lachte und verzog dabei die Nase. „Das kitzelt."

Sie trug ein ärmelloses blaues T-Shirt, und Nicky bemerkte, dass sie eine Tätowierung auf der linken Schulter hatte – einen winzigen silbernen Stern. Sie strich dem Pferd über die Mähne. Es fuhr mit der Nase durch ihr langes schwarzes Haar, das sie zu unzähligen kleinen Zöpfen geflochten und mit Perlen geschmückt hatte. Das Pferd schien sich bei ihr sicher zu fühlen. Sie hatte es bestimmt nicht misshandelt.

„Hast du ihn schon lange?"

Das Mädchen betrachtete Nicky mit seinen leuchtend grünen Augen. Mit diesen Augen und ihrer dunklen Haut sah sie viel mehr wie eine Roma aus als Nicky selbst. „Ungefähr eine Woche. Ich habe ihn auf einem Pferdemarkt gerettet, zu dem ich mit meinem Dad gefahren bin. Hätte ich ihn nicht genommen, hätte der Schlachter ihn gekriegt."

„Wieso?"

„Wegen seiner Augen. Niemand will ein Pferd mit blauen Augen. Weil es so merkwürdig aussieht."

Das wusste Nicky. Früher, als seine Familie noch umhergezogen war, hatte er seinem Großvater beim Kaufen und

Verkaufen von Pferden geholfen. Und sein Großvater hätte nie ein Pferd mit blauen Augen gekauft. Die konnte man nicht einmal verschenken. Ihm und seinem Großvater wäre es zwar sogar egal gewesen, wenn die Augen gelb mit rosa Streifen gewesen wären, aber die Gadschos – Leute, die keine Roma waren – machten immer ein unheimliches Theater deswegen. Und Großvater musste schließlich vom Pferdehandel leben. Nicky hatte mit ansehen müssen, wie junge gesunde Pferde beim Schlachter gelandet waren, nur weil sie mit der falschen Augenfarbe zur Welt gekommen waren.

„Wie hast du ihn genannt?"

„Saphir. Ich finde, das passt gut zu ihm. Es macht ihn irgendwie zu etwas Besonderem." Das Mädchen legte seine Arme um den Hals des Pferdes, um es noch weiter zu beruhigen.

„Das stimmt. Und er hat auch etwas an sich, das ihn … anders macht. Es sind nicht nur seine Augen." Nicky zögerte. „… es ist, als würde er von innen strahlen, trotz seines schlechten Zustandes. Hast du ihn schon geritten?"

Sie nickte. „Er ist ziemlich wild. Er versucht immer, mich abzuwerfen. Ich glaube, er hat viel durchgemacht, aber ich werde ihn wieder hinbekommen."

Plötzlich schossen aus dem Feld neben den Wohnwagen zwei Hunde hervor. Es waren Jagdhunde, einer hellbraun, der andere grau. Pfeilschnell jagten sie über das Gras. Sky fing an zu bellen und wedelte mit dem Schwanz, bereit, sich an dem Spiel zu beteiligen. Doch die Jagdhunde hetzten an ihr vorbei, ohne sie eines Blickes zu würdigen. Als sie das Ende des Feldes erreichten, ertönte ein kaum hörbarer Pfiff.

Ein Mann, den Nicky durch die Bäume nicht richtig sehen konnte, rief die Hunde zurück. Die beiden machten kehrt und rannten auf dem Weg zurück, auf dem sie gekommen waren.

Da erklang ein Ruf. „He, Fern! Ich brauche dich!“

Das Mädchen verzog das Gesicht. Es küsste Saphir auf die Nase und sah Nicky an. „Das ist mein Dad. Ich muss gehen.“

Nicky trat zur Seite, um ihr Platz zu machen, doch sie drehte sich plötzlich herum, griff in Saphirs Mähne und schwang sich blitzschnell auf seinen Rücken. Sofort stieg das Pferd kerzengerade und aus seinen rollenden Augen sprach die blanke Angst.

„Alles in Ordnung … ?“ Nicky sprang vor, um das Pferd irgendwie zu beruhigen, doch dann sah er Ferns Gesicht. Sie lachte, als würde sie auf dem Jahrmarkt mit der Achterbahn fahren.

„Bis bald!“, rief sie freudestrahlend, und ihr Körper bewegte sich sicher im Takt von zwei gewaltigen Bocksprüngen. Mühelos dirigierte sie ihr Pferd mit den Beinen, ließ es kehrtmachen und galoppierte davon.

Nicky hielt Sky am Halsband fest und sah ihr nach. Er verspürte ein unerklärliches Gefühl. Es war so etwas wie Aufregung, aber doch anders. Er hatte noch nie zuvor jemanden kennengelernt, der so mit Pferden umgehen konnte wie er selbst. Auch wenn Fern Saphir nicht so behandelte, wie er es tun würde, sie quälte ihn sicher nicht. Nur tollkühn, das war sie. Und wenn er daran dachte, wie das Pferd vorher mit ihr umgegangen war, war er sicher, dass es ihr auch nach diesem wilden Galopp wieder aus der Hand fressen würde.

Es wurde allmählich warm. Die Sonne stand schon hoch am Himmel.

„Komm, lass uns zurückgehen …“ Nicky rieb Sky die Ohren. „… sonst bekommt mein Dad genauso schlechte Laune wie ihrer. Schließlich soll ich heute Morgen mit ihm und Jim arbeiten.“

Sky sprang voraus und lief einer Elster nach, die direkt vor ihrer Nase aufgeflogen war. Nicky blieb stehen und sah sich nach einer zweiten Elster um. Sein Großvater war abergläubisch, was Elstern anging. „Eine Elster bringt Kummer, zwei Elstern bringen Glück“, sagte er immer. Nicky sah die Elster zwischen den Bäumen verschwinden. Allein.

Er zuckte die Achseln und rannte hinter Sky her. Es war ein wundervoller Tag. Um ihn herum die warme Sommerluft und in seinem Kopf Gedanken an ein dunkelhaariges Mädchen und sein blauäugiges Pferd.

„Dieser Typ, dieser Zeitungsfritze, hat wieder bei uns hier herumgelungert. Du weißt doch, wen ich meine?“

Nicky lächelte, als er sich vorbeugte, um Sky an die Leine zu legen.

„Der Widerling. So nenne ich ihn zumindest. Sein richtiger Name ist Alec Boxwood.“

Er richtete sich auf und sah seinen Vater an, der gerade dabei war die letzten Holzscheite von der Ladefläche des Lasters zu räumen. „Dann ist er also wieder da? Ich dachte, er wäre weitergezogen.“

„So wie ich das sehe, kommt und geht er und schnüffelt nach einer guten Story.“

„Und ich wette, wenn er keine findet, denkt er sich eine aus. Aber wenigstens hat er bei uns nichts gesehen, über das er schreiben kann. Sky war ja nicht einmal hier.“

„Er findet bestimmt etwas anderes. Ein Kerl wie der riecht die Geschichten doch. So sind diese Zeitungsfritzen eben.“

Nicky füllte Skys Napf mit frischem Wasser aus einer Plastikflasche und sah zu, wie sie gierig trank. Er sagte nichts, aber er wusste, dass sein Vater Recht hatte. Er hatte schon lange den Verdacht, dass der Widerling hinter der Unterschriftenaktion gesteckt hatte, an der sich fast alle

Einheimischen beteiligt hatten, kurz nachdem sie hierhergezogen waren. Es war dabei um Sky gegangen – darum, dass sie immer angebunden war. Aber die Gadschos wussten nichts von Hunden wie Sky. Sie war kein Schoßhund, den man mit hineinnahm. Sie war ein Wachhund und hatte ihre Aufgaben. Sie liebte Nicky und seine Familie ebenso, wie die Ghisellis ihren Hund liebten, aber das bedeutete noch lange nicht, dass sie das Tier mit in den Wohnwagen nehmen konnten. Dann würde es drinnen schmutzig werden, und das, wo Nickys Mom auch so schon genug zu waschen und zu putzen hatte.

„Hat der Widerling etwas gesagt?“

Nickys Vater schüttelte den Kopf. „Das brauchte er nicht. Er hat nur dagestanden und mich höhnisch angegrinst. Du kennst das ja.“

Vor Nickys innerem Auge erschien das Bild des Reporters. Er sah gut aus mit seinem dunklen Teint und dem schmalen Gesicht. Dad sagte zwar immer, dass er mit seinem schwarzen Pferdeschwanz aussähe wie eine Frau, aber Nicky war klar, dass der Zopf nur ausdrücken sollte, dass sich der Reporter als etwas Besonderes fühlte. Der Widerling redete viel und lachte viel, doch er lachte nie mit den Augen. Und für Nicky waren es diese Augen, die ihn verrieten. Sie waren sehr klein, lagen tief in den Höhlen und erinnerten ihn immer an Splitter von einem grünen Stein.

Bei seinem ersten Besuch hatte er Mom übertölpelt. Er hatte seinen Charme spielen lassen und ihr erzählt, dass er eine Story über das Leben unterwegs schreiben wollte, um den Gadschos zu zeigen, was Leute wie sie durchmachen mussten. Mom war begeistert von dem Gedanken gewesen. Sie hatte ihn Fotos machen lassen, und er hatte aus der Sache mit Sky eine große Geschichte gemacht.

Nicky versuchte, sich von dieser Erinnerung nicht den Tag verderben zu lassen.

„Ich schätze, um diese Jahreszeit passiert in Maybridge nicht viel, über das der Kerl berichten könnte. Wahrscheinlich wird er sich etwas ausdenken müssen."

„Hauptsache, er denkt sich nichts über uns aus. Uns geht es jetzt gut. Wir haben die Rodungsarbeiten bei der alten Mühle, und demnächst stehen auch Arbeiten bei Gibson an. Sein Wildhüter hat letzten Monat gekündigt, und er hat Jim gefragt, ob wir die Fasanengehege in seinem Wald reparieren könnten. Er hat schon angefangen, die Vögel hineinzusetzen. Wir können es uns nicht leisten, dass jemand wie diese Kröte noch einmal unseren guten Namen beschmutzt." Dad nickte Jim zu, seinem älteren Cousin, der den Lagerplatz mit ihnen teilte und der jetzt auf sie zukam und im Gehen seine Hosenträger stramm zog. Dann sah er Nicky wieder an. „Ich will, dass du während der Ferien jeden Morgen mit Sky spazieren gehst. Und sieh zu, dass dich der Kerl dabei sieht."

Nicky grinste. „Soll ich herausfinden, wo er wohnt? Dann kann ich ihn fragen, ob er Lust zu einem Spaziergang hat."

„Das wird nicht nötig sein", knurrte sein Dad. „Ich wette, dass er in diesem Moment auf einem Baum sitzt und Fotos macht."

„Nicky ..." Die Tür des Wohnwagens wurde geöffnet.

Nickys zehn Jahre alte Schwester Sabrina schaute heraus. „Mom hat dir ein Schinkenbrot gemacht. Kommst du?“

Sein Vater schaute zur Sonne hinauf. „Der Morgen ist schon fast vorbei“, sagte er. „Wir haben heute noch viel Arbeit. Bring es ihm heraus, dann kann er es unterwegs essen.“

Wenige Minuten später saß Nicky zwischen Dad und Jim im Laster. Der Duft von knusprig gebratenem Schinken stimmte ihn auf einen langen Arbeitstag ein. Sie würden bei der alten Wassermühle Bäume fällen.

3

Auch am nächsten Morgen war Nicky schon früh wach. Er duschte, zog sich an und verließ dann den Wohnwagen, den er mit Jim teilte. Er schlenderte über das taufeuchte Gras zu dem Wohnwagen, in dem die anderen schliefen.

Seine Mutter war schon auf und belegte Brötchen mit Hühnerfleisch, aber Dad und Sabrina schliefen noch.

„Willst du schon Frühstück?“

„Nein, ich gehe erst mit Sky. Das macht den Kopf klar.“ Nicky trank ein paar Schlucke von dem Tee, den seine Mutter ihm eingeschenkt hatte, und kippte dann den Rest in die Spüle. „Ich nehme eine Cola mit“, sagte er und öffnete den Kühlschrank. „Für alles andere ist es jetzt schon zu heiß.“

„Komm, Mädchen.“ Nicky machte Sky los. Sie wedelte verschlafen mit dem Schwanz und reckte sich, nachdem sie unter dem Wohnwagen hervorgekrochen war. „Lass uns zusehen, dass du ein bisschen frischen Wind in deine Lungen bekommst.“

Die beiden gingen quer über den Lagerplatz, vorbei an einer Reihe baufälliger Garagen und hinaus auf die Straße. Bei der Tankstelle, an der sie immer ihre Wasserkanister auffüllten, bog Nicky in die Ladenstraße ein. Es war noch sehr ruhig. Ein Milchwagen fuhr vorüber, und die Postbotin nickte Nicky im Vorbeigehen zu. Maddy Proctor, die

Frau, die sich über Sky am meisten aufgeregt hatte, kam aus dem Zeitungsladen und starrte ihn wütend an. Mit ihrem struppigen roten Haar und den finsteren braunen Augen sah sie immer aus, als hätte sie sich gerade mit jemandem geprügelt. Sein Dad sagte, bei ihr wäre eine Schraube locker, doch Nicky war sich da nicht so sicher. Als es um die Unterschriftenliste gegangen war, hatte sie einiges an Organisationstalent bewiesen.

Nicky hatte nicht vor, es sich wieder mit ihr zu verderben. Er zwang sich zu einem Lächeln. Sie erwiderte das Lächeln zwar nicht, aber sie schnalzte Sky zu, die ihr prompt entgegenlief und ihr die Hand leckte. Dann stieg Maddy in ihr uraltes Auto. Sofort sprang eine Horde von Mischlingshunden von den Sitzen auf. Sie warfen sich auf sie und tobten im Auto herum. Nicky schüttelte den Kopf und sah zu, wie das Auto eine Qualmwolke ausstieß und dann davonratterte. Es hatte so ausgesehen, als säße einer der Hunde auf Maddys Schoß.

Sky rannte voraus, schnupperte an den Überresten eines Hamburgers und blieb dann mit der Nase dicht an den Gartenzäunen, wo wohl in der vergangenen Nacht Katzen ihre unsichtbaren Spuren hinterlassen hatten. Nicky hatte Skys Leine dabei, doch er machte sich nicht die Mühe, sie ihr anzulegen. Sky entfernte sich nie weit von ihm, und er wusste, dass sie sofort zurückkam, wenn er sie rief.

„Nicky! Warte!“

Er drehte sich um und stellte fest, dass seine beste Freundin Brenda auf ihn zugerannt kam. Sie gingen in dieselbe Klasse, doch sie trafen sich auch oft außerhalb der Schule.

Beide liebten Pferde, und Brenda versorgte die schwarze Araberstute Midnight, die auch Nicky gelegentlich ritt.

„Was ist los?“

Ihr Gesicht war vom Rennen gerötet, doch das war nicht alles. Ihre Augen funkelten vor Aufregung.

„Rate mal.“

„Du hast im Lotto gewonnen.“

„Viel besser. Tausendmal besser.“

„Du hast zweimal im Lotto gewonnen.“

„Ich verrate es dir nicht. Ich werde es dir zeigen. Gehst du hinüber zu Gibsons Feldern?“

„Ja, okay. Ich wollte mit Sky sowieso an den Koppeln entlanggehen.“ Nicky erwähnte Fern und Saphir nicht und auch nicht seine Hoffnung, dass die Hippies noch da waren.

„Lass uns einen anderen Weg gehen. Über den Reitweg auf den Hügel. Von dort aus sieht man es am besten.“

Nicky ging neben ihr her. „Kannst du mir nicht wenigstens einen Tipp geben?“

Brenda machte ein geheimnisvolles Gesicht. „Das geht nicht. Damit würde ich alles verderben. Ich will, dass du es so siehst, wie ich es gesehen habe.“

An einer Kreuzung bogen sie nach rechts ab. Die linke Straße führte zu den Weiden, an denen Nicky gestern mit Sky spazieren gegangen war. Die rechte mündete schon bald in einen Feldweg, der schließlich in den Reitweg überging, der den Hügel hinter Gibsons Hof hinaufführte. Der Anstieg war ziemlich steil, aber zumindest lag er im Schatten.

Während sie bergauf gingen, rannte Sky voraus und

stürmte auf der Jagd nach Kaninchen durchs Unterholz. Sie blieb abrupt stehen und starrte nach vorn.

Brenda pfiff leise. „Das ist merkwürdig. Sehr merkwürdig."

„Wahrscheinlich hat sie einen Fuchs gesehen."

„Nein. Das ist es nicht. Es ist nichts, was sie gesehen hat. Es ist etwas, was sie spürt. Midnight hat genauso reagiert."

Nicky sah Brenda fragend an. Die Röte war aus ihrem Gesicht verschwunden. Sie runzelte die Stirn. Plötzlich spürte Nicky ein Prickeln im Nacken.

„Willst du mir nicht sagen, was los ist?"

Sky wich ein paar Schritte zurück, machte kehrt und trabte zu Nicky. Sie presste ihren Körper gegen seine Beine und winselte. Nicky konnte fühlen, wie sie zitterte.

„Ich war heute Morgen mit Midnight hier. Ich wollte in den Sonnenaufgang reiten." Brenda sprach sehr schnell, aber nur halblaut. „Als wir hierherkamen – fast genau an diese Stelle –, benahm sie sich auf einmal ganz seltsam. Sie weigerte sich, vorwärtszugehen, und hat mehrmals versucht, kehrtzumachen und zu fliehen. Das kam mir komisch vor. Schließlich reite ich oft mit ihr hier entlang. Ich bin abgestiegen und habe sie festgebunden."

Nicky streichelte Skys Ohren, und die Hündin winselte abermals.

Nicky sah sich suchend um, doch es war nichts Beunruhigendes zu entdecken. „Und was hast du entdeckt? Nun sag schon."

„Komm mit." Brenda ging an ihm vorbei bis zu einer Stelle, an der der breite Reitweg deutlich schmaler wurde und schließlich oben auf dem Hügel um eine Kurve führte. Dann blieb sie stehen. „Sieh selbst."

Nicky schaute in die Richtung, in die Brenda zeigte, hinab auf das Getreidefeld. „Du meine Güte!"

Unter ihnen lag George Gibsons Land. Sie waren schon unzählige Male hier gewesen. Links von ihnen erstreckte sich ein Waldstück, das die Getreidefelder von den Weiden trennte, auf denen Nicky Fern getroffen hatte. Das Haus der Gibsons stand am Rand des Waldstücks. Rechts von den Feldern war in einiger Entfernung die alte Wassermühle zu sehen, bei der Nicky später mit seinem Vater und Jim arbeiten würde.

Um diese Jahreszeit war das Getreide goldgelb. Das helle Morgenlicht berührte die Ähren und ließ sie in der leichten Brise silbern glänzen. In wenigen Wochen konnte die Ernte beginnen. Aber nicht auf diesem Feld. Nicht mehr. Über das ganze Feld erstreckten sich riesige Kreise. Es waren jedoch nicht nur simple Kreise. Von den Außenrändern der Felder führten Striche ins Innere der Kreise. Sie bildeten Diamant- und Sternformen und waren zu fremdartigen Bildern und Symbolen verbunden.

Nicky sah Brenda entgeistert an. „Was zum Henker ist das?"

„Kornkreise. Ich habe Bilder davon in der Zeitung gesehen und einmal auch im Fernsehen, aber ich hätte nie gedacht, dass sie so aussehen. Sie sind so riesig."

„Wer macht so etwas?"

Brenda lächelte und flüsterte dann mit gespielter Furcht: „Außer-ir-dische."

„Du siehst zu viel fern." Nicky versuchte zu lachen, doch trotz des warmen Sommermorgens fröstelte ihn plötzlich.

„Wer soll es denn sonst gewesen sein? Als ich gestern Abend hier geritten bin, waren sie noch nicht da. Und sieh sie dir doch an. Es muss eine Ewigkeit gedauert haben, sie zu machen."

„Was sollen wir tun?"

Sie gab ihm einen spielerischen Schubs und strahlte ihn an. „Wir sehen sie uns aus der Nähe an."

„Aber … aber sie sind unheimlich. Sie strahlen etwas Böses aus. Denk an Midnight und Sky – Tiere spüren Gefahr besser als wir."

„Nun hör aber auf! Wer von uns sieht zu viel fern?" Brenda schaute hinab auf das Gewirr von Mustern, und ihre Stimme klang auf einmal ernst. „Du wirst es bedauern, wenn du jetzt nicht mitkommst. So etwas bekommst du sicher kein zweites Mal zu sehen. Und wenn Gibson erst Bescheid weiß, wird er hier bestimmt mit seiner Flinte Wache schieben. Du weißt doch, was für ein Mistkerl er sein kann. Er wird nicht zulassen, dass die Leute auch noch den Rest von seinem Getreide niedertrampeln. Also ist das unsere einzige Chance."

Mit einem unangenehmen Gefühl in der Magengrube folgte Nicky Brenda rutschend und schlitternd den taufeuchten Hügel hinab. Er sah sich nicht nach Sky um. Vor Aufregung konnte er nicht klar denken. Er merkte deshalb auch nicht, dass sie ihm nicht folgte.

Nicky und Brenda liefen am Rand des Feldes entlang bis zu dem morschen Holztor vor der Einfahrt. Nachdem sie über das Tor geklettert waren, folgten sie den Spuren, die George Gibsons Traktor hinterlassen hatte. Auch wenn irgendeine fremde Macht das Getreide platt gedrückt hatte, um seine Kreise darin zu hinterlassen, wollten Nicky und Brenda nicht noch mehr Schaden anrichten.

„Von hier an müssen wir durch das Getreide gehen“, sagte Brenda, als sie den Kreisen so nahe gekommen waren, wie es auf den Traktorspuren ging. „Es gibt keinen anderen Weg.“

„Ich kapiere das nicht. Wenn Menschen das hier gemacht haben, müsste es doch einen Trampelpfad geben“, meinte Nicky.

Er zögerte, bis Brenda seinen Ellbogen packte. „Komm schon. Es bringt nichts, hier herumzustehen und sich den Kopf zu zerbrechen. Wir müssen dort hinein.“

Der feuchte Frühling und der heiße Sommer waren gut für das Getreide gewesen. Es stand höher, als Nicky es jemals zuvor gesehen hatte. Als sie den Rand des ersten Kreises erreicht hatten, erinnerten ihn die merkwürdigen Pfade an einen Irrgarten.

„Was ist, wenn wir uns verlaufen?“ Er versuchte, möglichst locker zu klingen. „Angenommen, wir finden nie wieder heraus?“

„Sei nicht blöd. Es ist schließlich nur ein Kornfeld.“ Brenda marschierte an ihm vorbei. „Sieh mal, das Getreide ist nur in eine Richtung umgebogen.“ Sie bückte sich, um die flach gedrückten Halme zu berühren.

„Nicht“, sagte Nicky scharf. „Fass nichts an.“

Brenda richtete sich wieder auf und sah ihn an. „Ich wollte nur …“

Nicky schüttelte den Kopf. „Ich habe das Gefühl … das sollten wir nicht tun. Wir wissen schließlich nicht, was dann passiert.“

Brenda fuhr sich mit der Hand durch ihren strähnigen braunen Pony und sah Nicky verstört an. „Nicky, hör auf damit. Du machst mir Angst.“

Nicky zuckte mit den Schultern und bemühte sich, ruhig zu klingen. „Es fühlt sich so … so groß an. Als wären wir hier drinnen verloren. Und schau doch her …“ Er begann, den spiralförmigen Weg abzuschreiten, sehr vorsichtig, als wäre er in einer Kirche. Plötzlich blieb er stehen, sah sich um und sagte fast im Flüsterton: „Siehst du, wie flach es ist? Die Ähren sind wie platt gewalzt, aber sie sind nicht gebrochen. Es ist nichts kaputt. Es kommt mir vor, als hätte man es flach gepustet, ganz sanft, aber sehr schnell.“

Brenda stellte sich dicht neben ihn. „Du hast Recht. Das Getreide ist trocken und brüchig. Eigentlich hätten die Halme an den Knickstellen brechen müssen.“

Nicky ging weiter. Was oder wer auch immer diese Kreise gemacht hatte, sie waren erstaunlich. Die Ränder absolut perfekt. Es sah aus, als hätte jemand einen riesigen Plätzchenausstecher von oben in das Feld gedrückt. Die flach gedrückten Getreidehalme lagen im Uhrzeigersinn, sogar auf den geraderen Teilstücken, die vom Hügel aus wie Sterne ausgesehen hatten.

Das platte Getreide knirschte unter ihren Füßen. Einmal huschte eine Feldmaus vor ihnen davon. Ein Hubschrauber drehte geräuschvoll eine Runde über ihnen. Er schien aus dem Nichts gekommen zu sein und warf einen dunklen Schatten auf das goldene Getreide.

Plötzlich war noch ein anderes Geräusch zu hören. Etwas donnerte auf sie zu. Nicky packte Brendas Arm und riss sie gerade noch rechtzeitig zur Seite. Ein Pferd tauchte auf, fast schwarz und mager, im wilden Galopp, und in seinen blauen Augen blitzte das Weiße auf. Das Pferd entdeckte die beiden vor seiner Reiterin und reagierte mit einem enormen Satz zur Seite. Fern blieb oben, doch sie hatte zu kämpfen, um Saphirs wilde Sprünge auszubalancieren. Sie warf Nicky und Brenda einen so kurzen Blick zu, als wären sie nicht da. Dann trieb sie Saphir wieder an, fixierte einen Punkt irgendwo vor sich und raste davon.

„Was zum …“ Brenda fand als Erste ihre Sprache wieder.

Nicky schüttelte den Kopf. „Ich kenne sie. Gestern …“

„Sie muss vollkommen verrückt sein. So über das Feld zu rasen. Sie hätte uns umbringen können.“

„Wahrscheinlich hat sie nicht damit gerechnet, dass jemand hier ist …“ Nicky verstummte, weil ihm bewusst wurde, dass er Fern verteidigte, ohne zu wissen warum.

„Trotzdem war es dumm von ihr. Und so viel zu deinem

Vorschlag, das Getreide nicht zu berühren. Jetzt sieht es aus, als wäre eine Dampfwalze darüber gefahren."

Nicky betrachtete die Stelle, an der Saphir gebockt hatte. Das Getreide war zerwühlt und zertrampelt, und der ehemals perfekte innere Rand des größten Kreises hatte jetzt eine unregelmäßige Ausbuchtung.

Jenseits des Feldes sprang ein Traktor an. George Gibson begann mit der Arbeit. Einen Moment lang stand Nicky bewegungslos und fuhr mit den Fingerspitzen durch das Getreide, das noch unversehrt war. In seinem Magen war schon wieder ein Knoten, doch diesmal nicht vor Angst oder Ehrfurcht. Wenn Gibson sie erwischte, würden sie mächtigen Ärger bekommen. „Wir sollten verschwinden."

Brenda nickte. „Ich muss sowieso zurück in den Stall. Ich habe Midnight vorhin nicht einmal abgerieben, geschweige denn geputzt."

Sie liefen durch das Labyrinth, bis sie die Stelle wieder fanden, an der sie sich ihren eigenen Weg durch das Getreide gebahnt hatten. Als sie die Traktorspuren erreichten, begannen sie zu rennen, tief gebückt und mit gesenktem Kopf. Auf einmal kamen sie sich vor wie Verbrecher, die von einem Tatort flohen.

Erst als sie über das Tor geklettert waren, blieben sie stehen, um nach Luft zu schnappen.

Nicky wischte sich den Schweiß ab. „Ich gehe jetzt lieber nach Hause. Das Frühstück ist bestimmt schon fertig."

Sie stiegen den kleinen Hügel hinauf, und Nicky warf einen Blick zurück auf das Feld. Der Traktor hatte es fast erreicht.

Auch Brenda spähte hügelabwärts. „George Gibson hat es immer noch nicht entdeckt.“

Nicky sah plötzlich einen silbernen Volvo-Kombi, der vor dem Tor hielt. Er stieß einen leisen Pfiff aus, als ein dunkelhaariger Mann mit einem Pferdeschwanz ausstieg und begann, eine Fotoausrüstung auszuladen.

„Ich schätze, er wird es gleich erfahren. Das da hinten ist der Widerling Alec Boxwood, dieser Schnüffler von der Zeitung.“

„Hast du vor hierzubleiben und abzuwarten, was als Nächstes passiert?“

„Lieber nicht. Dad wartet bestimmt schon auf mich. Ich arbeite heute mit ihm. Und Sky ist sicher auch schon …

Oje … Sky … ich habe Sky ganz vergessen …“

Beide rannten los, den Reitweg entlang, und riefen und riefen.

Nicky verfluchte sich. Wie hatte das passieren können? Wo war er nur mit seinen Gedanken gewesen? Vor jeder Kurve wuchs seine Hoffnung, und er betete, dass sie durchs Unterholz auf ihn zustürmen würde. Und hinter jeder Kurve wurde ihm beinahe schlecht, wenn er merkte, dass sie nicht kam.

Bei der Kreuzung an der Tankstelle blieben sie stehen. Brenda legte eine Hand auf Nickys Arm. „Soll ich mit dir kommen? Deinem Dad erklären, was passiert ist?“

Nicky schüttelte den Kopf. „Nein, lieber nicht. Er wird ziemlich sauer sein …“

„Mach dir keine Sorgen.“ Brenda lächelte ihn aufmunternd an. „Sky ist sicher längst zu Hause und liegt unter dem Wohnwagen, wo sie immer liegt. Sie wird dich schuldbewusst ansehen, dein Dad wird eine Weile schimpfen, und dann ist alles ausgestanden."

Nicky antwortete nicht. Brenda kannte seinen Vater nicht, aber er war auch nicht das Problem. Mit ihm wurde er fertig. Aber Brenda kannte auch Sky nicht. Sie hatten die Hündin bekommen, als Nicky noch nicht einmal richtig laufen konnte. Seine Mutter hatte erzählt, dass „Wau" eines seiner ersten Worte gewesen war. Sky war ein Teil seines Lebens und des Lebens seiner Familie. Und sie war noch nie weggelaufen, wenn er mit ihr unterwegs war.

„Ich komme heute Abend vorbei." Brenda drückte seinen Arm, bevor sie sich abwendete und zu Declan Carters Hof lief, wo Midnight lebte.

Nicky bog nach rechts ab und rannte nach Hause, so schnell er konnte.

„Wo zum Henker warst du? Wir wollten gerade ohne dich losfahren."

Nicky zuckte zusammen, als der Laster, der schon über den Lagerplatz gerumpelt war, neben ihm zum Stehen kam. „Ich ... ich war mit Brenda unterwegs. Wir haben etwas Komisches gesehen, und ich habe leider nicht auf die Zeit geachtet."

Nicky kümmerte sich nicht um den wütenden Gesichtsausdruck seines Vaters, sondern reckte den Hals, um zu sehen, ob Sky beim Wohnwagen war. Sie war nicht da.

„Du wirst etwas noch viel Komischeres hören, wenn du mich und Jim noch einmal warten lässt. Und zwar meinen Handrücken. Los, steig ein."

Jim öffnete die Tür auf seiner Seite und rutschte in die Mitte, um für Nicky Platz zu machen.

Nicky bewegte sich nicht. Sein Mund war trocken. „Habt ihr Sky gesehen?"

„Ich dachte, sie wäre bei dir."

„Sie ist weggelaufen. Ich konnte sie nicht wieder finden."

„Na, großartig!" Sein Vater trommelte mit den Fingerspitzen auf der Außenseite der Tür herum und schnaubte empört. „Das hat uns noch gefehlt. Der Widerling wird ein Freudenfeuer entzünden, wenn er merkt, dass wir es nicht einmal schaffen, auf unseren Hund aufzupassen. Du sagst jetzt deiner Mutter Bescheid, und dann gehst du los und suchst Sky." Er schüttelte den Kopf und ließ den Motor aufheulen.

Nickys Mutter kam mit einem Korb voll Wäsche aus dem Wohnwagen.

„Sky ist weggelaufen."

„Was ist passiert?" Seine Mutter begann, die Wäsche auf die Leine zu hängen, die sie zwischen zwei Bäume gespannt hatte.

Nicky zögerte. Seine Mutter war eine gute Zuhörerin, die ihn bestimmt nicht auslachen würde, doch aus irgendeinem Grund wollte er ihr nichts von den Kornkreisen erzählen. Sie waren etwas Besonderes, etwas, das nicht in die wirkliche Welt des Frühstücks, der Wäsche und der wütenden Väter gehörte.

„Sie muss ein Kaninchen gesehen haben", log er. „Ich habe mich mit Brenda unterhalten und nicht auf sie geachtet."

„Sie wird wiederkommen. Sie ist ein kluger Hund. Aber du solltest trotzdem losgehen und nach ihr suchen." Seine Mutter warf ihm einen kurzen Blick zu, eine Wäscheklammer zwischen den Lippen. „Im Kühlschrank ist Schinken. Mach dir ein Brot, bevor du gehst. Sabrina ist mit ihrer Freundin Jade unterwegs, aber wenn die beiden wiederkommen, schicke ich sie auch los. Je mehr Leute nach Sky suchen, desto größer ist die Chance, dass wir sie schnell finden."

Es war heiß. Nicky klebte das T-Shirt am Rücken.

Schließlich zog er es aus und knotete es sich um den Bauch. Jetzt brannte ihm die Sonne direkt auf die Haut, doch er merkte es kaum.

Er lief im Zickzack auf dem Hügel oberhalb des Kornfeldes herum und sah hinunter. Auf dem Feld waren jetzt zwei Personen. Sie waren durch das hohe Getreide kaum zu erkennen, aber Nicky vermutete, dass es sich bei ihnen um George Gibson und den Widerling Boxwood handelte. Wahrscheinlich war Gibson ziemlich wütend. Boxwood würde sich anstrengen müssen, wenn er von Gibson die Erlaubnis haben wollte, seine Fotos von den Kreisen in der Zeitung zu veröffentlichen. Denn das würde unzählige Leute anlocken, und das Letzte, was sich ein Farmer wünscht, sind ganze Wagenladungen voller Fremder, die sein Land zertrampeln. Aber andererseits war es fast unmöglich, diese Kreise geheim zu halten.

Hoch in der Luft kreiste wieder der Hubschrauber. Er flog kreuz und quer über das Feld. Nicky schützte seine Augen mit der flachen Hand und fragte sich, was der Hubschrauber dort wohl machte. Er sah aus wie ein riesiges Insekt, das das Feld nach Beute absuchte. Einen Moment lang beobachtete Nicky den in der Luft verharrenden Hubschrauber, bis dieser schließlich in einem Bogen davonflog und zu einem winzigen Punkt am flimmernden blauen Himmel wurde.

Nicky beschloss, jetzt in entgegengesetzter Richtung nach Sky zu suchen – auf dem Weg, den er normalerweise mit Sky nahm, den Weg, den er genommen hätte, wenn er Brenda nicht begegnet wäre.

Saphir sah Nicky kommen. Sein Kopf flog hoch, und seine blauen Augen waren voller Misstrauen. Fern stand mit dem Rücken zu Nicky. Es sah so aus, als durchsuchte sie Saphirs Mähne.

Nicky hielt Abstand, nicht sicher, ob seine Anwesenheit sie störte.

„Und jetzt sieh dir das an." Fern drehte sich ruckartig um und funkelte Nicky an, als wären sie mitten in einem Streit. Ihr Gesicht war verkniffen, und aus ihren grünen Augen sprühte Feuer. Sie trat zurück und hob Saphirs Mähne mit den Fingerspitzen an.

Nicky beugte sich vor und erwartete, eine Verletzung oder eine Narbe zu sehen. Doch was Fern ihm zeigte, war ein Zopf, ein dünner, schmutziger Zopf, der unter Saphirs zerzauster Mähne verborgen war. Nicky sah Fern unsicher an und wusste nicht, was er dazu sagen sollte.

„Siehst du, dass ihn mal jemand geliebt haben muss? Siehst du, wer er einmal war? Und wie schrecklich immer alles endet?" Aus ihrem Gesicht sprach immer noch die Wut, als sie in die Tasche ihrer Jeans griff und ein kleines Taschenmesser herausholte. „Der muss schon seit Jahren in seiner Mähne sein. Er ist so verfilzt, dass er sich nicht mehr ausbürsten lässt." Sie packte den Zopf und begann, mit dem kleinen Messer am Ansatz herumzusäbeln, bis das ganze Büschel zu Boden fiel. Auf einmal zuckte sie die Achseln und rieb sich über die Stirn, als wollte sie etwas wegschieben. Dann lächelte sie und ihre Stimme klang viel weicher. „Ich werde ihm eine zweite Chance geben. Bei mir wird er wieder das werden, was er einmal war."

„Was stimmt denn nicht mit ihm?“

„Eigentlich nichts. Er ist kopfscheu. Er beißt. Er ist voller Narben. Aber das Schlimmste ist, dass das Reiten auf ihm ein Albtraum ist.“

„Hast du was dagegen, wenn ich ihn berühre?“

Fern grinste. „Meinetwegen. Aber nur, wenn du mir versprichst, nicht die Polizei zu rufen, wenn er dir eine verpasst.“

„Die würde ich nicht einmal rufen, wenn er mich in den Boden stampfen würde.“ Nicky trat an Saphir heran und hob die Hand, um ihm die Stirn zu reiben. Saphir legte die Ohren an, doch Nicky sprach leise auf ihn ein und massierte sanft die Stelle zwischen seinen Augen. Einen Moment später spitzte Saphir die Ohren und stand ruhig da.

Fern pfiff anerkennend. „Du kannst gut mit Pferden umgehen. Ich hätte nicht gedacht, dass er dich an sich heranlässt.“

„Ich habe schon mit vielen Pferden gearbeitet. Ich bin früher mit meinem Großvater herumgezogen. Wir haben mit Pferden gehandelt und kranke Tiere gesund gepflegt.“

„Machst du das jetzt nicht mehr?“

„Nein, wir sind sesshaft geworden. Mein Dad wollte nicht, dass wir weiter herumziehen.“

„Das könnte ich nicht ertragen. Ich muss frei sein. Außerdem mag ich es, wenn sich ständig alles ändert.“

„Es war nicht meine Entscheidung. Eigentlich auch nicht die meines Dads. Es gab Streit in der Familie, und da sind wir allein weiter. Wir sind dann noch eine Weile umhergezogen. Aber da wir sehr wenige sind, war das einfach zu gefährlich. Und so sind wir hier gelandet." Nicky zuckte beim Sprechen leicht mit den Achseln, um Fern glauben zu machen, dass es ihn kalt ließ.

Fern streichelte Saphir die Nase. „Wir sind zurzeit zehn. Es ist ein ständiges Kommen und Gehen, aber irgendwie mag ich das. Auf diese Weise klammert man sich an nichts und niemanden."

Nicky spürte einen Anflug von Bedauern, gemischt mit etwas Neid, in sich aufsteigen. Er verdrängte dieses Gefühl schnell wieder und konzentrierte sich auf Saphir. Mit halb geschlossenen Augen ließ er seine Hände über dessen Hals wandern und begann, den Widerrist zu massieren. Er spürte die Spannung im Körper des Pferdes. Nach kurzer Zeit stieß Saphir plötzlich ein gedämpftes, gepresst klingendes Wiehern der Freude aus – so, als wäre dies ein Laut, der ihm vollkommen fremd geworden war. Er streckte den Hals aus, klappte die Oberlippe hoch und zeigte die Zähne.

Fern lächelte. „Das hat er noch nie gemacht. Es sieht aus, als lachte er."

Nicky arbeitete weiter. Wie Fern gesagt hatte, war Saphir mit Narben übersät. Nicky fuhr mit den Fingerspitzen über eine Narbe an der Hinterhand. Sie sah aus wie eine Krone. Nicky warf Fern einen Blick zu.

„Das hier ist ein Brandzeichen", sagte er. „Vielleicht ist Saphir ein edles Pferd."

Fern verzog das Gesicht. „Wer weiß. Vielleicht hat man ihn aus den königlichen Stallungen geworfen, weil irgendeine blonde Prinzessin fand, dass seine blauen Augen nicht zu ihrem Seidenkleid passten."

Nicky sagte nichts dazu. Er hatte die Bitterkeit ihrer Worte gespürt und fürchtete, alte Wunden aufzureißen. Stattdessen grub er seine Finger in Saphirs Mähne und redete leise auf ihn ein. Er kraulte sanft den Mähnenkamm – so wie es Pferde auch untereinander tun. Saphir wendete den Kopf und beschnupperte Nickys Schulter. Nicky sah ihn kurz an und berührte erneut federleicht seine Stirn.

Dann sah er Fern an. „Er ist so dünn. Ich wage nicht, stärker aufzudrücken. Er wirkt so zerbrechlich."

„Ich weiß, was du meinst. Immer, wenn ich ihn reite, habe ich Angst, dass er sich jeden Augenblick auflösen könnte."

Nicky nickte, antwortete aber auch diesmal nicht. Fern sollte Saphir überhaupt nicht reiten, aber er wollte nicht die Stimmung verderben, indem er ihr das sagte.

„Ich habe dich heute Morgen gesehen. In diesem Kornkreis."

Fern machte große Augen. „War das nicht unglaublich? Ich konnte es kaum fassen."

„Aber was hattest du dort zu suchen? Und warum warst du so schnell?"

Fern trat dichter an Nicky heran. Sie sah sich verstohlen um und senkte die Stimme, als hätte sie Angst, von jemandem belauscht zu werden. „Ich habe etwas gesehen."

„Im Kornkreis?"

Sie schüttelte den Kopf. „Vorher. Als ich noch im Wohnwagen war. Es war heute Morgen, kurz vor Sonnenaufgang." Fern wendete sich plötzlich ab, ging auf einen Stapel morscher Zaunpfähle zu und setzte sich hin. Saphir und Nicky folgten ihr, und Saphir senkte den Kopf, um sie mit der

Nase an der Schulter zu berühren. Nicky lehnte sich gegen einen Baumstamm.

Fern legte den Kopf zur Seite und ließ ihn an Saphirs Vorderbein ruhen wie ein Kind, das sich an seine Mutter anlehnt. Als sie wieder zu sprechen anfing, gestikulierte sie dabei mit beiden Händen. „Ich war wach und habe aus dem Fenster geschaut. Und da habe ich etwas gesehen – weit weg, auf der anderen Seite des Feldes." Sie schaute blinzelnd zu Nicky auf, und auf einmal ruhten ihre Hände. „Es war ein komisches Licht. Hoch am Himmel. Es schien irgendwie zu schweben. So etwas habe ich noch nie zuvor gesehen."

Nicky kratzte ein Stück Rinde vom Baum und begann, es in kleine Stücke zu zerbrechen. Er fühlte sich merkwürdig. Seine Nackenhaare hatten sich aufgerichtet, genauso wie am Morgen, als Brenda ihm erzählt hatte, wie verängstigt Midnight auf dem Reitweg gewesen war. „Und was hast du gemacht?"

Fern schlang sich die Arme um den Körper. „Anfangs hatte ich Angst, aber dann habe ich an Saphir gedacht. Ich wusste, wenn ich das Licht sehen konnte, musste er es auch gesehen haben. Und da es mich schon beunruhigte und er doch ein solches Nervenbündel ist, musste es ihn vollkommen verrückt machen. Ich ging zu ihm, um ihn zu beruhigen."

Nicky nickte.

„Und als ich zur Weide kam …" Sie schüttelte den Kopf und starrte in die Ferne. „… habe ich ihn gerufen. Es war so dunkel, dass ich fast nichts sehen konnte, aber das ist normalerweise kein Problem. Er kommt sonst immer sofort zu mir. Ich habe ihn sogar einmal nachts geritten und bin gesprungen und alles." Ihre Stimme klang trotzig, als erwartete sie Kritik von Nicky.

„So etwas habe ich auch schon gemacht", sagte Nicky schnell. „Pferde sehen sehr gut im Dunkeln. Das müssen sie auch. Nachts ist es vor allem in Ländern, in denen es Raubkatzen gibt, sehr gefährlich."

Fern sah ihn dankbar an. „Darüber habe ich noch nie nachgedacht. Aber auf jeden Fall ist Saphir heute Morgen nicht gekommen. Ich habe ihn immer wieder gerufen und dabei die ganze Weide nach ihm abgesucht, aber er war nicht da."

Nicky spürte, wie sich seine Nackenhaare erneut aufrichteten. „Erzähl weiter."

„Ich nahm an, dass er vor Angst durchgegangen ist. Und da ich nicht wusste, wo ich suchen sollte, bin ich einfach losmarschiert. Und das Komischste ist: Ich bin einfach direkt auf das Licht zugegangen, obwohl ich es eigentlich gar nicht wollte."

„Sah es heller aus, nachdem du draußen warst?"

Sie runzelte die Stirn in dem Bemühen, sich zu erinnern. „Nein. Mir kam es sogar so vor, als wäre es blasser geworden. So wie ein Regenbogen verblasst. Und da bin ich in Panik geraten. Ich hatte auf einmal das Gefühl, als müsste ich das Licht unbedingt erreichen, bevor es verlöscht, sonst würde ich Saphir nie wieder sehen."

Sie sprang plötzlich auf, riss ein Büschel langes Gras aus und begann, es sich mehrfach um den Finger zu wickeln.

Sie sprach schnell, fast atemlos, als erlebte sie diesen Augenblick ein zweites Mal.

„Ich bin gerannt, so schnell ich konnte. Als wäre jemand hinter mir her. Aber ich habe nicht den direkten Weg genommen, weil ich Angst hatte, im Dunkeln durch den Wald zu laufen. Das merkwürdige Licht war verschwunden, aber ich wusste noch, wo es gewesen war. Ich bin über den Reitweg gerannt und dann auf den Hügel oberhalb des Feldes. Inzwischen war auch die Sonne aufgegangen, aber durch den Frühnebel konnte ich nicht genug sehen und bin den Hügel hinuntergerutscht …“ Sie hielt Nicky ihren Arm hin. „Siehst du: Ich bin grün und blau.“

„War eines der Tore offen? Ich meine, konntest du sehen, wo Saphir entwischt ist?“

Einen Moment lang sah Fern Nicky verblüfft an. „Ehrlich gesagt, das weiß ich nicht. Ich hatte solche Angst um ihn, dass es mir wahrscheinlich nicht einmal aufgefallen wäre. Ich wollte ihn nur finden und konnte an nichts anderes denken.“

„Das muss ziemlich unheimlich gewesen sein.“

„Ich bin fast gestorben vor Angst. Ich habe richtig gezittert. Aber ich musste einfach weitersuchen.“ Sie schüttelte den Kopf, als wollte sie versuchen, die Bruchstücke ihrer Erinnerung zusammenzufügen.

„Und was ist dann passiert?“ Nicky war von ihrer Geschichte gefesselt.

„Dann habe ich ihn gesehen … am Rand des Getreidefeldes. Er hatte sich dicht an den Zaun gedrückt.“ Sie verstummte, sah Saphir an und schlang plötzlich die Arme um seinen Hals. „Er war vollkommen außer sich. Total verschwitzt. Die Augen waren verdreht. Ich habe eine Ewigkeit gebraucht, um an ihn heranzukommen, und als ich endlich bei ihm war, bin ich einfach auf seinen Rücken gesprungen. Das erschien mir das Vernünftigste. Zumindest würde er mir nicht weglaufen können, solange ich auf ihm saß."

„Und hast du dann die Kornkreise gesehen?"

„Nicht richtig. Ich konnte ihre Form nicht erkennen, weil ich zu dicht dran war. Aber ich habe natürlich gesehen, dass das Getreide platt gedrückt war. Ich wollte langsam darauf zureiten, um es mir in Ruhe anzusehen und gleichzeitig Saphir zu beruhigen."

Nicky lachte plötzlich auf, denn er musste an Ferns rasenden Galopp denken. Ihm fiel auf, dass seine Schultern schmerzten, so als hätte er sie verkrampft, während er Fern zugehört hatte. Es war eine Erleichterung, wieder zu lachen. „Soweit ich es beurteilen kann, hat das nicht ganz geklappt."

Jetzt musste auch Fern lachen. „Doch, anfangs schon. Wir sind kreuz und quer durch die ganzen Muster geritten. Es hat beinahe Spaß gemacht, als er sich endlich entspannt hatte. Aber dann ist so ein blöder Hubschrauber gekommen …"

„Ich weiß. Ich habe ihn auch gesehen."

„Und das war es dann. Saphir ist vollkommen ausgeflippt. Er ist durchgegangen. Da hast du mich dann wohl gesehen. Tut mir leid", sagte sie und lächelte. „Ich hab dich nicht erkannt. Bevor ich um die Kurve kam, habe ich nicht einmal gewusst, dass jemand da war. Und ich habe mich nur darauf konzentriert, ihn wieder heil auf seine Weide zu bringen. Ich hoffe, ich habe dich nicht erschreckt."

Nicky lachte wieder. „So leicht bin ich nicht zu erschrecken. Mir ging es nur genauso wie dir. Ich habe nicht erwartet, dass jemand da sein würde."

Sie nickte. „Das war schon verrückt. Ich glaube, heute Morgen hat keiner von uns besonders klar gedacht."

„Sag mal …" Nicky zögerte, weil er fürchtete, sich lächerlich zu machen. „… dieses Licht … glaubst du, dass es dir helfen wollte … oder wollte es dir etwas tun?"

„Ich schätze, es wollte mir helfen. Immerhin hat es mich zu Saphir geführt. Wieso fragst du?"

„Ach, es ist nur, weil mir etwas Ähnliches passiert ist, als ich dort war." Diesmal war er wirklich verlegen und fühlte sich, als hätte er einen dicken Kloß im Hals. „Als ich in den Kreisen war, ist etwas mit Sky passiert. Meiner Hündin. Sie ist verschwunden."

„Das tut mir leid. Ich rede und rede, und du bist bestimmt total fertig. Wir haben auch Hunde. Mein Dad …" Fern biss sich plötzlich auf die Lippe und sprach dann hastig weiter. „Zwei von ihnen hast du ja schon gesehen. Buffy und Bliss. Bliss ist mein Liebling. Das ist die kleine Graue. Ich würde verrückt werden, wenn ihr etwas passieren würde." Fern kam auf ihn zu, und bevor Nicky wusste, wie ihm geschah, legte sie die Arme um ihn und drückte ihn. Erschrocken stolperte er rückwärts und landete fast in einem Brombeergestrüpp. Er nahm manchmal Sabrina in den Arm, wenn sie unglücklich war, doch bei ihm hatte das noch nie jemand gemacht.

Fern ließ ihn schnell wieder los, als wäre nichts gewesen. „Wir werden sie finden. Ich helfe dir. Ich bin sicher, dass ihr nichts fehlt. Ich habe das Gefühl, dass diese ganze Sache mit dem Licht und den Kornkreisen nichts Böses ist. Und auf mein Gefühl kann ich mich bei solchen Dingen meist verlassen."

Nickys Gesicht glühte. Er hoffte, dass sie nicht merkte, was in ihm vorging. „Ich muss los. Es gibt noch ein paar Stellen, an denen ich noch nicht gesucht habe, und der Nachmittag ist schon fast vorbei. Außerdem gibt es Ärger, wenn ich zu spät nach Hause komme."

„Komm bald wieder. Auch wenn du sie findest, versprochen?"

Nicky drehte sich im Gehen zu ihr um. Irgendwie freute er sich, dass sie ihn wiedersehen wollte. „Klar. Was auch passiert, ich halte dich auf dem Laufenden."

6

„Kein Glück?"

Als Nicky zum Lagerplatz zurückkam, wartete Brenda schon vor dem Wohnwagen auf ihn.

„Ich habe überall gesucht. Ich bin total erledigt." Nicky ging hinüber zu Midnight, die Brenda am Rand des Platzes angebunden hatte, und legte seinen Kopf an ihren Hals. Sie wieherte leise und stupste ihn mit der Nase.

„Ich habe auch gesucht. Und herumgefragt. Ich kann nicht verstehen, dass sie einfach so verschwunden ist."

„Es ist verrückt. Ich kann an nichts anderes mehr denken. Schließlich war außer uns niemand da. Sie kann also mit niemandem mitgegangen sein."

Einen Moment lang trafen sich ihre Blicke, doch keiner wollte aussprechen, was beide dachten.

„Bis morgen dann", sagte Brenda schließlich leise. „Wenn sie bis dahin nicht wieder da ist, suchen wir gemeinsam weiter. Ich kann morgen ganz früh kommen, so wie heute."

„Ja. Ist gut." Nicky zwang sich zurück in die wirkliche Welt und sah zu, wie Brenda Midnight losband, ihm zuwinkte und davonritt.

Nachdem sie fort war, stand er noch eine lange Zeit reglos da, starrte in den späten Nachmittag und versuchte, nicht auf das Gebell seines Hundes zu warten.

7

Sabrina kam angerannt. „Jade und ich haben bei ihr zu Hause ein Plakat gemalt, das im Zeitungsladen aufgehängt werden soll. Da geht fast jeder hin – nicht nur die, die eine Zeitung kaufen wollen. Dort werden es besonders viele Leute sehen. Willst du es lesen?“

Nicky nahm das eng zusammengerollte Blatt Papier und strich es glatt. Sabrina beugte sich zu ihm hinüber und las es mit ihm. Sie taten sich beide mit dem Lesen schwer, doch Sabrina konnte den Text auswendig.

Entlaufen
Unsere Schäferhündin Sky ist verschwunden.
Sie ist braun mit schwarzem Rücken und sehr brav.
Bitte helfen Sie uns.
Wer Sky findet, bekommt eine Belohnung.
Bitte rufen Sie 08 36147 14 71 an
oder melden Sie sich beim Wohnwagen der Chisellis
(hinter der Tankstelle, gegenüber der Müllkippe).

„Das habe ich mir ganz allein ausgedacht. Jade hat mir nur mit der Rechtschreibung geholfen.“

Nicky drückte ihre Schulter. „Das ist toll. Das macht es noch besser.“ Er wusste, wie schwer es Sabrina gefallen sein musste. Unter normalen Umständen wäre keiner von ihnen auf die Idee gekommen, freiwillig etwas zu schreiben.

Sabrina hatte ihr Plakat mit Filzstift geschrieben und in eine Ecke ein Bild von Skys Kopf gemalt. Aus Skys Auge rann eine dicke Träne, und als Nicky Sabrinas verquollene Augen ansah, vermutete er, dass auch sie geweint hatte.

„Weiß Dad eigentlich, dass du seine Handynummer angegeben hast?“

Sabrina schüttelte den Kopf. „Aber ich bin sicher, dass er nichts dagegen hat. Die Leute … na ja, sie kommen vielleicht nicht so gern persönlich her.“

Nicky ließ seinen Blick über den Lagerplatz schweifen. Er sah jetzt ordentlicher aus als zu Anfang, denn sie hatten einen Großteil des Mülls beseitigt und das Unkraut gerodet, doch er wusste trotzdem, was Sabrina meinte.

Sie hatten inzwischen ein paar Freunde, und ihrem Dad wurde sogar manchmal Arbeit angeboten, sodass er nicht mehr von Tür zu Tür gehen musste. Aber es gab immer noch Leute, die Roma für zwielichtiges Gesindel hielten. Nicky wusste nicht, was die Gadschos eigentlich von ihnen erwarteten. Vielleicht rechneten sie damit, dass er und seine Familie sich mit Messern bewaffnet hinter den rostigen Einkaufswagen des Supermarktes versteckten, um dann hervorzuspringen und ihnen die Geldbörsen zu rauben. Es gab sicher Roma, die so etwas taten, aber auch Gadschos von dieser Sorte.

Nicky hielt das Plakat auf Armeslänge von sich und betrachtete es ein zweites Mal.

„Und was gibt es als Belohnung?“

„Das weiß ich noch nicht. Ich dachte, wenn es ein Erwachsener ist, der Sky findet, erlaubt mir Mom vielleicht, einen Kuchen zu backen. Und ich habe noch alte Spielsachen, falls es ein Kind ist."

Nicky ließ die Hände sinken und wünschte, er müsste sich nicht länger wie der schrecklichste Mensch auf Erden fühlen.

„Gute Idee", sagte er leise.

„Sie kommt doch zurück, oder?" Sabrina schaute plötzlich zu ihm auf, und in ihren Augen standen wieder Tränen. „Ich war so traurig, als ich nach Hause kam und sah, dass sie nicht da war."

Nicky antwortete nicht. Er hätte ihr gern gesagt, dass alles wieder gut werden würde, aber wie konnte er ihr etwas sagen, das er selbst bezweifelte?

Auf einmal ertönte Motorengeräusch. Dads Laster rumpelte über den Platz. Er und Jim stiegen aus, schmutzig und müde nach einem harten Tag. Dad sah Sabrina an, dann den Strick, der immer noch am Wohnwagen hing, und dann Nicky.

Nicky wartete auf den Wutausbruch, doch er kam nicht.

Sein Vater war mit etwas anderem beschäftigt. „George Gibson rennt durch die Gegend wie ein aufgescheuchtes Huhn", berichtete er.

„Wieso?"

„Anscheinend haben sich ein paar Hippies auf seinem Land niedergelassen und letzte Nacht Kornkreise in eines seiner Felder gemacht. Er war heute Nachmittag bei der Mühle und hat Gift und Galle gespuckt."

Jim schüttelte den Kopf. „Ich kapier nicht, warum diese Hippies so etwas machen. Man sollte meinen …"

„Woher weiß George Gibson, dass sie es waren?" Nicky ignorierte den Rippenstoß, den Sabrina ihm versetzte. Er wusste selbst, dass es keine gute Idee war, die Hippies zu verteidigen.

„Natürlich waren sie es. Die machen doch immer solche Sachen, um allen zu zeigen, wie clever sie sind." Sein Dad wischte sich mit einer schmutzigen Hand den Schweiß von der Stirn. „Wer soll es denn sonst gewesen sein? Kleine grüne Männchen?"

Nicky wurde rot, als er wieder an die Geschichte dachte, die Fern ihm erzählt hatte. Selbst wenn die Hippies es geschafft hatten, das Getreide niederzutreten, erklärte das nicht die geheimnisvollen Lichter am Himmel oder Saphirs verrücktes Verhalten. Außerdem hätte Fern es gewusst, wenn ihre Gruppe es getan hatte. Und wenn sie es ihr nicht gesagt hatten, hätte sie es mitgekriegt.

„Du hast uns immer beigebracht, nicht mit dem Finger auf andere zu zeigen, solange wir uns nicht vollkommen sicher sind."

„Dein Dad spricht aus Erfahrung", sagte Jim langsam. „Diese Hippies machen immer so komische Sachen. Erinnerst du dich noch an die, die im Birkenwald eine Zeitlang neben uns gelagert haben? Was für einen Dreck die hinterlassen haben! Dann diese Musik die ganze Nacht – das Geschrei der Babys."

„Romababys schreien auch …" Nicky wollte eigentlich keinen Streit mit seinem Vater und Jim vom Zaun brechen, doch er konnte sich nicht bremsen. „Und was den Rest angeht … sie sind halt anders als wir.“

„Sie verderben unseren Ruf“, knurrte sein Vater. „Die Gadschos werfen uns doch alle in einen Topf, vor allem wenn etwas passiert.“

Nickys Mutter öffnete die Wohnwagentür, und der Duft von Hähnchenpastete und gebackenen Kartoffeln zog über den Lagerplatz.

„Wollt ihr nicht hereinkommen? Das Essen ist fast fertig.“

Nicky zögerte. Für die Hähnchenpastete seiner Mutter tat er fast alles, doch er wollte Sabrina nicht enttäuschen. „Ich muss noch schnell zum Zeitungsladen … dieses Plakat im Schaufenster aufhängen.“

Seine Mutter warf ihrem Mann einen fragenden Blick zu. „Aber du hast heute fast noch nichts gegessen …“

„Lass ihn gehen.“ Unerwartet lächelte sein Dad ihn an, was selten genug vorkam. „Er wird seinen Appetit schneller wieder finden, wenn wir den Hund zurückhaben.“

Nicky blickte seinen Dad an, halb dankbar und halb schuldbewusst. Wenn sein Dad wüsste, dass er Sky wegen der Kornkreise verloren hatte und dass einer der verhassten Hippies ihm bei der Suche nach ihr helfen wollte, würde sein Mitgefühl mit Sicherheit sofort in Wut umschlagen.

8

Eigentlich hatte Nicky vor, direkt zum Zeitungsladen zu fahren, das Plakat abzugeben und dann wieder nach Hause zu radeln. Der Duft der Hähnchenpastete war zu verlockend gewesen. Doch gerade als er an den Verkaufstresen trat, wurde die Ladentür aufgestoßen. Maddy Proctor stürmte herein und riss mit ihrer dicken Einkaufstasche einen Zeitungsständer um.

Nicky legte Sabrinas Plakat auf den Tresen und bückte sich, um ihr beim Einsammeln der Zeitungen zu helfen. Es dauerte einen Moment, bis er merkte, dass er es allein tat. Maddy Proctor schien nicht einmal gemerkt zu haben, was sie angerichtet hatte.

„Sechs große Dosen Hundefutter." Sie sprach über

Nickys Kopf hinweg, während er die Zeitungen wieder in den Ständer steckte. Es war die Lokalzeitung. Auf der Titelseite prangte ein Farbfoto der Kornkreise. Der Widerling Boxwood musste George Gibson irgendwie ausgetrickst haben.

Nicky richtete sich auf und nahm das Plakat vom Ladentisch.

Er würde es jetzt noch nicht abgeben. Er wollte auf keinen Fall der verrückten Hundefrau wieder einen Grund liefern, auf ihm herumzuhacken.

„Ich nehme ein Cola-Eis“, sagte er laut und funkelte Maddy Proctor wütend an.

Sie war damit beschäftigt, das Hundefutter in ihre Einkaufstasche zu stopfen, und beachtete ihn noch immer nicht.

Draußen radelte er hastig los, und das Cola-Eis schmolz zwischen seinen Fingern.

Maddy Proctors Mischlingsköter warfen sich bellend und knurrend gegen die Wagenfenster, als Nicky an ihrem Auto vorbeikam.

Er fuhr bis zum Anfang des Reitwegs und setzte sich dort ins Gras. Während er die Tropfen von seinem Eis ableckte, fragte er sich, wann er es wohl wagen konnte, zum Laden zurückzukehren.

„Hi!“

Der Hufschlag eines galoppierenden Pferdes veranlasste ihn, sich umzudrehen.

Fern brachte Saphir zum Stehen. Nicky fiel auf, dass das Pferd keine Trense trug, sondern nur ein Stallhalfter. Saphir wollte nicht still stehen, also ritt Fern ihn im Kreis um Nicky herum.

„Suchst du immer noch deinen Hund?“

„Ja.“

„Ich habe meinem Dad davon erzählt, und er sagt, er hätte heute Nachmittag einen Hund bellen hören – im Wald hinter dem Hügel. Ich wäre gekommen, um es dir zu sagen, aber ich wusste nicht, wo du wohnst.“

„Danke.“ Plötzlich machte es Nicky verlegen, mit einem tropfenden Cola-Eis im Gras zu sitzen, während sie mit ihren klaren grünen Augen auf ihn heruntersah. „Wir lagern hinter der Tankstelle. Auf einem kleinen Platz gegenüber der Müllkippe."

Sie nickte und versuchte, Saphir ruhig zu halten. „Ich komme mal vorbei und besuche dich dort. Ich wollte gerade auf den Hügel reiten und mir die Kornkreise noch einmal ansehen. Kommst du mit?"

„Ich habe meiner kleinen Schwester Sabrina versprochen, dieses Plakat im Zeitungsladen aufzuhängen. Es geht um Sky." Er entrollte das Plakat und zeigte es Fern.

„Das ist wirklich süß, aber häng es doch auf dem Rückweg auf. Es wird nicht lange dauern."

Ein Stück vom Cola-Eis brach vom Stiel ab und fiel auf Nickys T-Shirt. Er versuchte, es abzuwischen. „Aber meine Mom hat das Essen fertig. Es gibt Hähnchenpastete …" Er fühlte sich wie ein Vierjähriger, der erklären musste, dass er nicht allein in den Park gehen durfte.

„Igitt, Hähnchen." Fern verzog das Gesicht, als hätte er gesagt, dass es bei ihnen Ratten zu essen gab. „Ich könnte nie Fleisch essen. Ich bin Vegetarierin."

„Also, wir …" Er stammelte verlegen herum. Einerseits hatte er das Gefühl, die leckere Hähnchenpastete verteidigen zu müssen, doch andererseits wusste er nicht, wie.

„Nun komm schon." Fern warf ihre Haare zurück und strahlte ihn an. „Es dauert bestimmt nicht lange."

Nicky murmelte etwas davon, dass er zuerst nach Hause müsste, um seinen Eltern zu sagen, was er vorhatte, doch Fern war schon angetrabt. Nicky bestieg sein Rad und holperte auf dem Reitweg hinter ihr her. Es wäre Unsinn gewesen, jetzt nach Hause zu fahren, falls der Hund, den Ferns

Vater gehört hatte, wirklich Sky gewesen war. Er musste einfach nachschauen, und seine Eltern konnten sich bestimmt denken, dass er noch immer Sky suchte.

Fern galoppierte, als sie die Stelle erreichten, an der er Sky zum letzten Mal gesehen hatte. Nicky wartete darauf, dass auch Saphir dort scheute, doch er tat es nicht. Er beschleunigte und verschwand mit Fern hinter der Kurve.

„Sie sind wunderschön, nicht wahr?" Fern drehte sich zu ihm um, als er angerannt kam, nachdem er sein Fahrrad in die Büsche geworfen hatte.

Er nickte. Sie hatte Recht: Die Kreise waren wirklich wunderschön. Sie waren unheimlich und merkwürdig, doch im Licht der untergehenden Sonne auch irgendwie faszinierend. Das Getreide schimmerte in einem satten Goldton. Die Sommerwolken warfen weiche Schatten. In allen Bäumen zwitscherten Vögel.

„Ist das nicht wundervoll?", flüsterte Fern. „Als wären wir ein Teil von etwas ganz Besonderem. Etwas außerhalb der wirklichen Welt. Etwas, das nicht jeder versteht."

Nicky antwortete nicht, doch er verstand sie. Die Sonne versank. Die Vögel verstummten. Alles war still.

Fern sah auf Nicky herab und sprach immer noch mit gedämpfter Stimme. „Es ist, als wartete es auf etwas."

„Wie meinst du das?"

Sie streckte die Arme aus und hob und senkte die Hände in einer fast tänzerischen Bewegung. „Spürst du es nicht? Eine Art Kraft. Es ist fast, als wäre es lebendig."

Nicky starrte auf die Kreise und versuchte zu spüren, was sie fühlte.

„Los jetzt." Fern stieß ihn plötzlich an und zerstörte damit den Augenblick so schnell, wie sie ihn aufgebaut hatte. „Wir sollten losgehen und deinen Hund suchen."

Nicky folgte ihr bis zu einem Stacheldrahtzaun.

„Ich glaube, dass mein Vater diese Stelle gemeint hat. Er sagte, dass er den Hund dort gehört hat, wo der Reitweg einen Bogen macht, bevor er den Hügel hinunterführt."

Nicky zögerte. Hier hatte er am Nachmittag absichtlich nicht gesucht. An dieser Stelle wurde der Wald, der den Reitweg säumte, breiter. Es war der Teil des Waldes, in dem George Gibson seine Fasanengehege hatte. Überall standen Schilder. Auch wenn Nicky nicht gut lesen konnte, erkannte er ein „Betreten verboten"-Schild.

„Du musst allein gehen. Ich kann mit Saphir nicht mitkommen."

„Aber das ist Privatbesitz ..."

„Stell dich nicht so an. Es ist niemand da, und ich werde hier auf dich warten. Wenn ich jemanden sehe, werde ich dich warnen ... und zwar so." Sie stieß einen schrillen Schrei aus, der sich anhörte wie der einer Elster.

„Aber was ist, wenn ..."

„Sei nicht feige. Du willst Sky doch finden, oder? Wenn sie heute Morgen in Panik geraten ist, ist dies genau der Ort, an dem sie sich verstecken würde."

Er nickte. Fern hatte Recht. Sky wären die „Betreten verboten"-Schilder egal, und sie würde sich im Wald verstecken, wenn sie große Angst hatte. Oder wenn sie verletzt war.

Nicky hob den Draht so weit an, dass er unzerkratzt

hindurchschlüpfen konnte. Wie ein Schatten schlich er tief in den Wald hinein und rief dabei halblaut nach Sky. Doch er hörte nur das Rascheln seiner eigenen Schritte im abgestorbenen Laub. Nicky lehnte sich gegen den Stamm einer Eiche und schloss die Augen. Er konzentrierte sich auf den Wald, um ein Gefühl für ihn zu bekommen, und wartete darauf, dass ein Bild in seinem Kopf auftauchte, das ihm zeigte, wo Sky war.

„Was hast du hier zu suchen?"

Nicky fuhr zusammen. Er war so tief in Gedanken gewesen, dass er niemanden gehört hatte. George Gibson hatte sich mit verschränkten Armen und böse hochgezogenen Augenbrauen vor ihm aufgebaut. Und neben ihm stand ausgerechnet der Widerling Boxwood.

„Das ist einer von den Zigeunern." Boxwood hielt den Kopf schräg und musterte Nicky verächtlich.

„Weißt du nicht, dass das hier Privatbesitz ist?"

Unerwartet pfiff George Gibson, und Poppy, sein Golden Retriever, kam aus dem Unterholz geschossen. Gehorsam setzte er sich vor Gibsons Füße.

„Sie tun sich schwer mit dem Lesen." Boxwood lächelte gehässig, stellte sich dabei aber so hin, dass nur Nicky es sehen konnte. „Zu schade. Diese Leute bekommen keine Chance, sich zu bessern."

Nicky stieg die Zornesröte ins Gesicht. Er trat von dem Baum weg und sah George Gibson an. „Ich habe meinen Hund gesucht."

George Gibson tauschte einen Blick mit Widerling. „Was für einen Hund?"

„Es ist ein Schäferhund. Eine bildschöne Hündin“, erklärte Boxwood. „Aber es ist wirklich eine Schande … sie müssen sie den ganzen Tag über anbinden. Sie ist einer von diesen Hunden, die wild werden, sobald sie frei laufen.“

Nicky funkelte den Reporter wütend an. „Das ist nicht wahr. Sie …“

Er unterbrach sich. Es war nicht gut, fremden Leuten zu erklären, dass Sky so gefährlich war wie ein Hamster. Schließlich sollte jeder glauben, dass sie ein Wachhund war.

George Gibson rieb sich das Kinn. „Wild, hä? Hattest du sie gefüttert, bevor sie dir weggelaufen ist?“

„Ich gehe vor dem Frühstück mit ihr spazieren. Sie bekommt ihr Futter, wenn wir zurückkommen.“

„Dann müsste sie jetzt also hungrig sein?“

Er nickte und fragte sich, ob der Farmer jetzt doch auf seiner Seite war. Er traute dem Widerling keine zwei Meter weit, aber George Gibson verstand bestimmt etwas von Tieren. „Und verängstigt. Ich glaube, dass sie in Panik geraten ist.“

„Genau, wie ich sagte …“ Boxwood grinste jetzt deutlicher, und seine kleinen weißen Zähne erinnerten Nicky an das Gebiss eines Terriers. „Einer von denen, die zur Bestie werden, sobald sie frei sind. Es ist wirklich schade um den Hund.“

Plötzlich riss George Gibson seinen Arm nach vorn, und Nicky bemerkte erst jetzt, dass er etwas in der Hand hielt. Es war ein Sack. Nicky starrte ihn an, während der Farmer ihn langsam öffnete. In dem Sack war ein Fasan. Zerbissen und zerrupft. Und tot. Nicky wendete sich ab.

„So etwas würde Sky nie tun“, murmelte er.

„Wenn du das glaubst, hast du keine Ahnung von Hunden.“ Die buschigen Augenbrauen des Farmers zogen sich wieder zusammen. „So etwas würde sogar ein Zwergpudel tun, wenn er die Gelegenheit dazu hätte.“ George Gibson sah hinab auf Poppy und funkelte dann wieder Nicky an. „Ein Hund bleibt immer ein Hund, ob er nun angebunden ist oder nicht. Und wenn ich hier einen fremden Hund erwische, werde ich ihn erschießen. Und jetzt verschwinde. Für meinen Geschmack sind heute schon viel zu viele Leute auf meinem Land herumgetrampelt.“

Er starrte hinter Nicky her, der an ihm vorbeihuschte und sich am Stacheldraht die Schulter zerkratzte.

Fern und Saphir waren nirgendwo zu sehen. Nicky rannte los, ohne einen Blick auf die Kornkreise oder den kleinen Trupp von Einheimischen zu werfen, der sich auf den Traktorspuren einen Weg zu den Kreisen bahnte.

Als er bei seinem Fahrrad ankam, fiel ihm das Plakat wieder ein. Er hatte es hinter den Sattel geklemmt, als er losgelaufen war, doch jetzt war es fort. Fluchend ließ Nicky sich auf die Knie fallen und tastete den Boden ab, weil er auf dem schattigen Pfad kaum etwas sehen konnte. Als er das Plakat endlich entdeckte, erkannte er es nicht gleich wieder. Es war zerrissen und an einer Seite so zerknittert wie Einwickelpapier. Es sah aus, als wären Fern und Saphir auf ihrem Rückweg direkt darüber hinweggaloppiert.

9

Am nächsten Morgen machte sich Nicky auf die Suche nach Fern. Er wusste nicht genau, was er zu ihr sagen wollte, aber er war wütend. Wütend, dass er dumm genug gewesen war, sich von ihr zum Betreten dieses Waldes überreden zu lassen. Wütend, dass sie nicht auf ihn gewartet hatte. Wütend, dass Sabrina geweint hatte, als er ihr gestanden hatte, was aus ihrem Plakat geworden war.

Es war wieder sehr früh, und als er an der Tankstelle und am Zeitungsladen vorbeiradelte, begegnete er genau denselben Leuten wie am Tag zuvor. Sogar Maddy Proctor kam wieder aus dem Laden und schwenkte ihre riesige Einkaufstasche.

Er radelte den Reitweg entlang, versteckte sein Fahrrad in einem Busch und kletterte dann über das Tor von Ferns Koppel. Er hörte sie schon, bevor er sie sah. Ihr Weinen war über die ganze Weide zu hören. Nickys Wut verrauchte. Was am vergangenen Abend passiert war, war eigentlich nicht Ferns Schuld. Er war selbst verantwortlich. Sie hatte ihn zu nichts gezwungen.

Er fand sie bei der kleinen Baumgruppe, das Gesicht in Saphirs Mähne vergraben.

„Ist alles in Ordnung?" Das war natürlich eine dumme Frage, doch etwas Besseres fiel ihm nicht ein.

„Was willst du?“ Sie drehte sich zu ihm um. Ihre Augen waren verquollen und ihr Gesicht fleckig vom Weinen. Auf ihrer linken Wange hatte sie einen länglichen blauen Fleck, der auf den ersten Blick aussah wie ein Schmutzfleck.

„Ich … ich habe dich gehört und wollte wissen, was los ist.“

„Saphir ist gestern Abend mit mir durchgegangen. Deshalb habe ich am Waldrand nicht, wie verabredet, auf dich gewartet. Blöderweise bin ich heruntergefallen und mit dem Gesicht gegen den Torpfosten gedonnert.“ Sie schenkte ihm ein müdes Lächeln. „Normalerweise falle ich nicht so leicht vom Pferd.“

„Das tut mir leid.“ Nicky wusste nicht, was er tun oder sagen sollte.

„Aber das ist nicht der Grund für meine Heulerei.“ Sie schniefte und lachte plötzlich auf, wich aber seinem Blick aus. „Mein Dad hat es herausgefunden und ist stocksauer geworden. Er sagt, dass Saphir zu gefährlich für mich ist und dass ich ihn nicht länger behalten darf.“

„Vielleicht kannst du ein gutes neues Zuhause für ihn finden …“ Nicky verstummte und fühlte sich nutzlos.

„Mein Dad sagt, dass es unverantwortlich wäre, jemand anderem ein so unberechenbares Pferd anzudrehen. Er sagt, das könnte er mit seinem Gewissen nicht vereinbaren. Ich kann Saphir ja nicht einmal auftrensen!“ Ihre Stimme versagte, und Tränen rannen über ihr Gesicht. „Ende der Woche ist wieder Pferdemarkt. Mein Dad sagt, dass wir ihn dort hinbringen werden. Und ich weiß genau, was das bedeutet …“

Nicky streckte die Hand aus. Fast hätte er Fern berührt, doch dann legte er die Handfläche auf Saphirs Flanke. Saphir schnaubte. Seine Ohren zuckten nervös, doch er bewegte sich nicht. „Ist dein Dad jetzt da? Ich könnte mit ihm reden. Ich kann mit Saphir arbeiten. Vielleicht dauert es nicht lange, bis er …"

Fern schüttelte niedergeschlagen den Kopf. „Dad ist zu ruhelos, um lange bei uns zu bleiben. Und zu beschäftigt. Er muss dorthin gehen, wo Arbeit ist. Er ist fast immer unterwegs. Jetzt malt er wieder irgendwo."

„Ach, er ist Maler?"

Fern sah ihn einen Moment lang an, und dann lächelte sie unter Tränen. „Nein, er ist Künstler. Er zieht durch die Gegend und sucht nach Ideen. Er sagt, dass er die wirkliche Welt einfangen und sie dann ein bisschen verdrehen will. Damit verdient er sein Geld. Die Sachen, die er macht, sind wirklich etwas Besonderes. Er sagt, dass er eines Tages berühmt sein wird." Auf einmal nahmen ihre Augen einen verträumten Ausdruck an.

„Tut mir leid." Nicky zupfte verlegen an Saphirs Mähne herum. Aus irgendeinem Grund hatte er angenommen, dass Ferns Familie genauso war wie seine. Dass ihr Vater ein Arbeiter war. Dass sie von der Hand in den Mund lebten und gerade über die Runden kamen. Doch jetzt hatte er ein ganz anderes Bild von Ferns Welt. Eine Welt voller Künstler. Jeder von ihnen eine schillernde Persönlichkeit. Nicky hätte das Roma-Leben niemals gegen ein anderes Leben eingetauscht, doch aufregend war es nicht. Und jetzt, wo sie nicht einmal mehr Pferde hatten, bestand es fast nur noch aus langweiliger, harter Arbeit. Ferns Welt dagegen schien ihm plötzlich magisch.

„Es gibt nichts, das dir leidtun müsste."

„Ach, es ist nur ..." Nicky zuckte die Achseln. „Wände zu bemalen klingt längst nicht so aufregend wie Künstler zu sein."

„Keine Arbeit ist besser oder schlechter. Jeder macht halt, was er am besten kann. Oder das ..." Sie verstummte kurz und wischte sich die Tränen ab. „... was er tun muss."

„Und was macht deine Mom?" Nicky wechselte das Thema. Vor seinem inneren Auge erschien eine große, wunderschöne Frau mit edlen Samtkleidern, Ohrringen und Broschen.

Ferns Lächeln erstarb und sie sah weg. „Sie ist fort. Wir sehen sie nie."

„Das tut mir leid."

„Sag das nicht dauernd." Sie starrte ihn wütend an. „Ich brauche dein Mitleid nicht."

„Ich ... ich ..." Nicky hätte sich wegen seiner eigenen Ungeschicklichkeit ohrfeigen können.

„Außerdem ist das schon eine Ewigkeit her – Schnee von gestern." Fern schlang die Arme um Saphirs Hals. „Er ist der Einzige, um den ich mir Sorgen machen muss. Der Einzige, den ich habe." Wieder vergrub sie ihr Gesicht in seiner Mähne, und ihre Stimme klang verzweifelt. „Ich weiß nicht, was ich tun soll."

„Pass auf." Nicky wünschte, er könnte sie aufmuntern, so wie er es bei Sabrina immer machte. „Ich könnte dir helfen. Wir könnten zusammenarbeiten."

„Wie meinst du das?“

„Ich kann mit Pferden umgehen, genau wie du. Wenn der Pferdemarkt erst am nächsten Wochenende ist, können wir mit Saphir arbeiten. Wir könnten ihn heilen. Es ist nur Angst, die ihn so verrückt macht. Wir werden einen Weg finden, ihn von seiner Angst zu befreien.“

Sie drehte sich zu ihm um, und aus ihren Augen leuchtete Hoffnung. „Du hast Recht. Einen Versuch ist es wert.“

„Ich muss jetzt arbeiten, aber heute Abend könnte ich kommen. Dann haben wir noch ein paar Stunden Zeit.“

Fern kam auf ihn zu, und einen Moment lang dachte Nicky, sie würde ihm um den Hals fallen. Doch das tat sie nicht. Sie nahm nur seine Hand und hielt sie fest wie ein kleines Kind. „Ich fühle mich schrecklich, weil ich dich gestern Abend im Stich gelassen habe. Eigentlich müsste ich jetzt etwas für dich tun, und stattdessen hilfst du mir.“ Sie biss sich auf die Lippe und runzelte die Stirn. „Hast du deinen Hund gefunden?“

Er schüttelte den Kopf. „Ich habe die ganze Nacht gelauscht. Ich glaube, ich hätte ihr Bellen sogar gehört, wenn sie auf dem Mond festsäße, so angestrengt habe ich hingehört.“ Er erzählte ihr nichts von seinem Zusammenstoß mit George Gibson und Boxwood. Sie musste nicht alles wissen.

„Was ist mit dem Plakat deiner Schwester? Hat schon jemand angerufen?“

„Es ist … ich habe es in eine Pfütze fallen lassen …“ Bei dieser peinlichen Ausrede wurde Nicky rot. Schließlich hatte es seit Wochen nicht mehr geregnet.

Fern schien es nicht zu merken. „Wenn du willst, kann ich morgen für dich nach Sky suchen. Ich klingle bei den Leuten und so. Vielleicht hat jemand sie gesehen.“

„Das wäre toll.“

Fern drückte Nickys Hand und ließ sie dann los. „Dann bis heute Abend. Ich werde hier auf dich warten.“ Sie winkte ihm kurz zu und ging dann eilig auf die Wohnwagen zu. Saphir warf den Kopf hoch, galoppierte seitwärts und trabte hinter ihr her bis zum Koppelzaun.

10

Brenda wartete schon, als Nicky wieder beim Lagerplatz ankam. „Wo warst du? Ich habe dich überall gesucht."

„Ich ..." Nicky schlug sich die Hand vor den Mund.

„... ich weiß nicht, was ich sagen soll. Ich kann nicht mehr klar denken. Ich hatte dich ganz vergessen."

„Oh, vielen Dank", sagte Brenda schnippisch. „Und wo warst du?"

„Ich ..." Wieder unterbrach sich Nicky. Er beugte sich hinunter, um einen Doppelknoten in den Schnürsenkel seines Turnschuhs zu binden.

„Ist alles in Ordnung? Es ist doch nichts passiert, oder? Du hast doch nichts gefunden ... nichts Schreckliches?" Die Schärfe war aus Brendas Stimme verschwunden. Jetzt sah sie nur noch besorgt aus.

Nicky fühlte sich schlechter als je zuvor. „Nein. Nichts. Ich habe gar nichts gefunden."

Brenda seufzte erleichtert und drückte seinen Arm. „Tut mir leid, dass ich zickig geworden bin. Ich war nur enttäuscht, dass ich dir nicht helfen konnte. Das war egoistisch von mir. An deiner Stelle wäre ich auch total durcheinander. Ich wüsste nicht einmal mehr meinen eigenen Namen." Sie lächelte ihn an. „Soll ich heute Abend wiederkommen, wenn du von der Mühle zurück bist?"

Nicky entknotete den Schnürsenkel und band eine Schleife. Er wusste nicht, warum er ihr nicht einfach sagen konnte, dass er bereits mit Fern verabredet war. Schließlich waren sie beide Mädchen. Sie waren im selben Alter. Beide liebten Pferde. Sie würden sich bestimmt mögen. Doch aus irgendeinem Grund wollte er nicht, dass sie sich trafen. Es war, als gehörten sie zu verschiedenen Teilen in seinem Leben. Er richtete sich auf und sah sie an. Jetzt konnte er es ihr ohnehin nicht sagen. Wenn er es tat, musste er auch zugeben, wo er an diesem Morgen gewesen war, und dann wäre sie verletzt, weil er nicht gleich die Wahrheit gesagt hatte. Er lächelte sie an. „Ich komme zu dir. Versprochen. Sobald ich Zeit habe."

Brenda erwiderte sein Lächeln. „Toll. Ich werde auf dich warten. Und vorher werde ich tun, was ich kann. Vielleicht gehe ich von Tür zu Tür und frage, ob jemand Sky gesehen hat. Midnight wird ein Ruhetag guttun. Tagsüber ist es ohnehin zu heiß zum Reiten."

Sie drückte Nickys Arm noch einmal, machte kehrt und ging eilig über den Lagerplatz davon.

11

„Du wusstest doch, dass es Privatbesitz ist. Was ist los mit dir, bist du verblödet?“

Nachdem George Gibson wieder in seinen grünen Landrover gestiegen war, zerrte Nickys Vater ihn hinter die alte Mühle, bei der sie arbeiteten.

„Ich habe nach Sky gesucht. Ich dachte, sie wäre vielleicht in diesem Waldstück.“ Nicky hielt dem Blick seines Vaters stand.

„Dann hättest du Gibson vorher fragen sollen. Ihm sagen, was du vorhast.“

„Na klar! Dann hätte er mir sicher die Schlüssel für das Tor gegeben!“

„Einen Versuch wäre es auf jeden Fall wert gewesen. Schlimmer als jetzt hätte es nicht kommen können. Er hat dich auf seinem Grundbesitz erwischt, und jetzt glaubt er, wir würden seine Fasanen wildern, seine Felder verwüsten und zu allem Überfluss auch noch einen wild gewordenen Hund frei herumlaufen lassen. Er ist so wütend, dass er Sky erschießen würde, selbst wenn sie ihn kurz vorher aus einem brennenden Haus gezerrt hätte.“

„Daran ist nur dieser Boxwood schuld. Er hat gesagt …“

„Boxwood? Was hattest du denn mit dem zu reden?“

„Er war dort. Bei George Gibson im Wald. Er hat behauptet, Sky wäre eine Bestie und dass wir nicht ordentlich für sie sorgen würden und so …“

„Also ist es diese Schlange, die wieder mal ihr Gift verspritzt, stimmt's?“

„Ich kann schließlich nichts dafür, dass George Gibson keine Menschenkenntnis hat“, sagte Nicky mit plötzlich zitternder Stimme.

„Das stimmt. Aber du weißt, wie die Gadschos sind. Ich habe dir oft genug gesagt, dass du nicht auffallen und unter deinesgleichen bleiben sollst. Dann kann uns keiner etwas anhaben.“ Dad hatte sich wieder in Wut geredet. „Und halte dich fern von diesem Hippie-Gesocks. Ich will mich nicht noch einmal über dich ärgern müssen. Und vor allem will ich es mir nicht endgültig mit George Gibson verderben. Verstanden?“

„Ja.“ Nicky stieß die Spitze seines Turnschuhs in einen Haufen welker Blätter. Ein Schwarm kleiner Insekten flog hoch, tanzte kurz in der Luft herum und verschwand dann wieder am Boden. Er und sein Vater gingen schweigend zurück zu den Bäumen, die noch gefällt werden mussten.

Nicky hatte Magenschmerzen vor Ärger. Es war hoffnungslos, seinem Vater etwas erklären zu wollen. Er war genauso schlimm wie George Gibson mit seinem Urteil über die Hippies. Und selbst wenn er es schaffen würde, ihn freundlicher zu stimmen, war da immer noch das Pferdeproblem.

Dad wollte von Pferden nichts hören. Seine Schwester war von einem Pferd totgetreten worden, als sie beide noch Kinder gewesen waren. Er hatte den Unfall mit angesehen und ihn nie verwunden. Wenn es nach ihm ging, würde Nicky niemals etwas Wilderes reiten als ein Karussellpferd auf dem Jahrmarkt. Wenn er auch nur die leiseste Ahnung hätte, dass sein Sohn dabei half, das verrückte Pferd eines Hippie-Mädchens zu zähmen, würde er ihn ohne Zweifel für den Rest des Sommers an Skys Strick am Wohnwagen festbinden.

Der Nachmittag nahm kein Ende. Schwitzend sägte, hackte und schleppte Nicky Holz und überlegte dabei, wie er Fern beibringen sollte, dass er ihr und Saphir nun doch nicht helfen konnte.

12

Natürlich ging Nicky doch zu Fern. Er hatte ihr versprochen, dass er kommen würde, und sie wartete bestimmt schon auf ihn.

Er sagte seinem Vater, dass er nach Sky suchen wollte. Und das war nicht einmal gelogen. Auf dem Weg zu Fern hielt er nach ihr Ausschau, und sein Herz setzte jedes Mal aus, wenn er etwas entdeckte, das sich dann doch als leerer Sack oder Holzklotz entpuppte. Er hoffte nur, dass Fern gute Nachrichten für ihn hatte.

Er versteckte sein Rad am üblichen Ort und lief über die Koppel. Er wusste noch immer nicht, was er Fern sagen würde.

„Nicky!“ Fern rannte auf ihn zu, als sie ihn sah. „Ich hatte Angst, dass du nicht kommen würdest. Ich habe mich schon den ganzen Tag darauf gefreut.“

„Ich auch … aber …“

„Ich habe das Gefühl, dass heute Abend alles gut laufen wird. Ich glaube, dass wir es schaffen können. Aber …“ Sie biss sich auf die Lippe, und ihre Stimme klang auf einmal tonlos und niedergeschlagen. „Leider habe ich auch eine schlechte Nachricht für dich. Ich hatte kein Glück mit Sky, obwohl ich den ganzen Tag gesucht habe. Ich habe an unzählige Türen geklopft und eine Million Leute gefragt.“

„Trotzdem vielen Dank. Du hast dein Bestes gegeben." Nicky fühlte sich furchtbar. „Ich ... also, es gibt ein Problem wegen heute Abend."

„Was los?"

„Also ... mein Dad. Er findet, dass ich in letzter Zeit zu viel ... äh ... unterwegs gewesen bin, und er will, dass ich heute früh nach Hause komme." Etwas Besseres fiel ihm auf die Schnelle nicht ein. Er konnte ihr nicht sagen, dass sein Vater ihm den Umgang mit „ihresgleichen" verboten hatte. So etwas hatte er gelegentlich schon von Gadscho-Kindern zu hören bekommen, und er wusste, wie es sich anfühlte. Er schaffte es auch nicht, ihr zu sagen, dass er ihr nicht mit Saphir helfen konnte. Schließlich war das Ganze seine Idee gewesen. Er hatte ihr Hoffnungen gemacht und konnte sie ihr jetzt unmöglich wieder nehmen.

„Das macht nichts", sagte Fern unbekümmert. Sie gingen auf Saphir zu. „Ich freue mich über jede Minute, die du Zeit hast. Ich habe ihn heute noch nicht geritten. Ich war zu sehr damit beschäftigt, nach Sky zu suchen. Außerdem dachte ich, dass er seine Kraft braucht, wenn du mit ihm arbeitest."

Nicky nickte. „Womit willst du anfangen?"

Fern hüpfte ausgelassen die letzten Schritte auf Saphir zu und schwang sich auf seinen Rücken. Er legte die Ohren an und tänzelte seitwärts. „Wir könnten ihm das Springen beibringen. Er flippt jedes Mal aus, wenn ich einen Baumstamm oder so etwas anreite. Er springt zwar darüber, aber hinterher bleibt er nicht mehr stehen. Er dreht jedes Mal vollkommen durch."

Nicky grinste sie an. „Es könnte helfen, wenn wir ihm zuerst beibringen, wie man Schritt geht. Oder wie man still steht, wenn man einen Reiter auf dem Rücken hat."

Fern lachte und verzog das Gesicht. „Das klingt ziemlich langweilig, aber du bist der Lehrer." Sie trieb Saphir an und versuchte, Schritt zu reiten. Er warf ungeduldig den Kopf zurück und trabte an.

„Hast du Sattelzeug für ihn?"

Fern nickte. „Der Verkäufer hat mir eine Trense mitgegeben, aber als ich sie Saphir das erste Mal angelegt habe, fing er an zu bocken wie ein Wildpferd. Und eigentlich brauche ich sie nicht. Er lässt sich auch ohne Zaumzeug ganz gut lenken."

„Dann reite doch einmal um die Koppel, und ich sehe mir an, wie er reagiert." Nicky beobachtete, wie Fern erst trabte und dann galoppierte. Ihr Sitz war wirklich gut. Jedes Mal, wenn Saphir scheute oder bockte, hielt sie mühelos das Gleichgewicht. Und vor allem ging er dahin, wo sie wollte, wenn er auch bei jedem Schritt die Hufe übertrieben hochzog.

„Was soll ich als Nächstes tun?"

„Bring ihn wieder her."

Nicky legte den Kopf schief und versuchte, eine Erklärung für Saphirs Verhalten zu finden. „Er hat eine ungewöhnlich hohe Knieaktion. Er bewegt sich fast nur seitwärts, und seine Vorderbeine treten über Kreuz. Es sieht beinahe aus, als würde er tanzen. Ich habe noch nie ein Pferd gesehen, das sich so bewegt."

„Glaubst du wirklich, dass wir es schaffen, ihn zur Vernunft zu bringen? Haben wir eine Chance?" Sie sprang herunter, stellte sich neben Saphir und lehnte sich gegen ihn.

Nicky betrachtete die beiden einen Moment lang. Vor dem Hintergrund von Saphirs fast schwarzem Fell wirkte Ferns Gesicht ähnlich dunkel, fast fremdländisch. Irgendwie strahlten die beiden etwas aus. Wildheit, aber auch Einsamkeit. Dieses merkwürdige Mädchen und sein verrücktes, knochiges Pferd gehörten zusammen.

„Lass es uns mit der Trense versuchen", sagte er.

13

Fern rannte los, um das Zaumzeug zu holen.

„Halte es hinter dem Rücken!“, rief Nicky ihr zu, als sie wiederkam. „Lass es ihn nicht sehen, bevor es unbedingt nötig ist.“

Einen Augenblick später streifte Fern Saphir den Trensenzaum über den Kopf. Er stieg und drehte sich weg. Als seine Vorderhufe wieder aufsetzten, war Fern bereit. Sie packte seine Mähne und schwang sich auf Saphirs Rücken.

Nicky hob die Brauen. Er war nicht sicher, ob er das geschafft hätte, und vor allem nicht, ob er es gewagt hätte. Hätte Fern nur den Bruchteil einer Sekunde gezögert, wäre sie unter die wirbelnden Hufe geraten. Als Fern die Zügel aufnahm, explodierte Saphir. Sein Kopf fuhr herum, und er begann zu bocken. Nicky sprang gerade noch rechtzeitig zur Seite.

„Lass die Zügel locker. Ich möchte sehen, was er macht.“

Fern ließ die Zügel los. Saphir raste bis ans Ende der Koppel, machte kehrt und kam in vollem Tempo zurück.

„Lass ihn laufen!“, rief Nicky.

„Ich fühle mich wie auf einer Rakete!“, rief Fern zurück, als Saphir die dritte Runde in Angriff nahm. Doch auf dieser Runde wurde er langsamer und fiel schließlich in Trab.

Nicky ging auf die beiden zu.

„Steig jetzt ab. Lass ihn wieder zu Atem kommen. Und nimm auch die Trense ab. Ich habe eine Idee."

Fern glitt von Saphirs Rücken. „Wie sieht dein Plan aus?"

Nicky hob die Hand und rieb Saphirs Stirn. Das Pferd war schweißnass und atmete schwer. „Ich vermute, dass er einen guten Start ins Leben hatte, aber dass ihn dann etwas oder jemand verdorben hat. Das sieht man an seinen Augen. Er gerät in Panik und kann nichts dagegen tun. Aber abgesehen von der Panik ist er ein Traumpferd."

Fern sah Nicky fragend an. „Wie meinst du das?"

„Ich meine die Art, wie er sich bewegt und wie er seinen Kopf trägt." Nicky fuhr mit den Händen über Saphirs Hals. „Und so, wie er dich jetzt ansieht, merkt man, dass er sich danach sehnt, dein bester Freund zu sein."

„Ich würde alles dafür geben."

„Wir müssen dafür sorgen, dass er sich sicher fühlt. Wir müssen ihn dazu bringen, uns zu vertrauen."

„Und wie machen wir das?"

„Wir fangen ganz von vorn an. Ich möchte ihn behandeln, als wäre er noch ein Fohlen. Ich habe das noch nie mit einem eingerittenen Pferd gemacht, aber einen Versuch ist es wert."

„Wann willst du es machen?"

Nicky schaute zum Himmel auf. Es war schon dämmrig. Der Mond stand am Himmel wie eine silberne Scheibe. Eigentlich musste er nach Hause, doch bei der Laune, die sein Vater zurzeit hatte, musste er damit rechnen, dass er morgen Abend nicht fort durfte. Und ihnen lief die Zeit davon.

„Was hältst du von jetzt?"

Ferns Stimme klang auf einmal schwach. „Je schneller, desto besser. Wir haben keine Zeit zu verlieren."

Saphir hatte mittlerweile den Kopf gesenkt und sich grasend von ihnen entfernt.

„Versuch, dich zu entspannen", flüsterte Nicky Fern zu, als sie sich ihm näherten. „Wenn er spürt, dass wir etwas vorhaben, wird er mir nie zuhören."

Fern holte tief Luft. „Tut mir leid. Aber ich weiß nicht genau, was wir tun müssen ..."

„Sieh mir einfach nur zu. Ich mache die Arbeit."

Sie waren jetzt in Saphirs Nähe. Er hob den Kopf und sah sich mit nervös zuckenden Ohren zu ihnen um. Nicky blieb stehen und sprach sehr leise.

„Jetzt gehe ich als Erstes schnell auf ihn zu und sehe ihm direkt in die Augen."

Er machte drei Schritte vorwärts. Saphir wendete sich schwungvoll ab und galoppierte davon.

Fern warf Nicky einen Seitenblick zu und flüsterte: „Das war wohl nichts."

„Es dauert eine Weile. Siehst du, wie ich die Breitseite meines Körpers auf ihn richte? Und ich lasse ihn keinen Moment aus den Augen. Das merkt er natürlich, und es gefällt ihm nicht."

Ferns Stimme wurde etwas lauter. „Warum machst du ihn mit Absicht noch nervöser?"

„Ich möchte, dass er die Veränderung, die in ihm vorgeht, auch wirklich bemerkt. Es ist so, als ..." Er zögerte und suchte nach einem passenden Vergleich. „... als hättest du dich mit deinem besten Freund zerstritten und bemühst dich jetzt mit aller Kraft um eine Versöhnung. Und je mehr er deine verzweifelten Versuche ignoriert, desto schlechter fühlst du dich. Aber wenn ihr euch dann endlich wieder vertragt, geht es euch beiden wesentlich besser. Besser als vor eurem Streit."

Fern schwieg einen Moment lang. „Ich kenne das Gefühl", sagte sie schließlich.

Saphir galoppierte immer schneller um sie herum und machte gelegentlich einen Bocksprung.

„So weit, so gut. Jetzt werde ich ihn auf die Probe stellen und meinen Blick nicht mehr auf seinen Kopf richten, sondern auf den Hals."

Als Nicky das tat, wurde Saphir langsamer.

„Jetzt lasse ich meinen Blick auf seine Schulter wandern. Dadurch müsste er noch langsamer werden."

„Du hast Recht. Aber wie machst du das? Was geht da vor?"

„Ich spreche seine Sprache. Ich spreche durch meinen Körper mit ihm. Solange ich ihm direkt in die Augen sehe, fühlt er sich bedroht und flüchtet. Aber eigentlich will er gar nicht weglaufen. Er will mein Freund sein, doch das kann er noch nicht riskieren."

„Und was machst du als Nächstes?"

„Ich sehe ihm wieder in die Augen. Achte darauf, wie er Gas gibt."

Die Wirkung trat sofort ein. Saphir machte zwei enorme Bocksprünge und raste wie wild um die beiden herum.

„Pass auf, was passiert, wenn ich den Blick senke."

Saphir wurde augenblicklich langsamer.

Fern sprach leise wie ein Kind, das einem Zauberer zusieht. „Das ist unglaublich. Es ist, als wäre er eine Marionette."

„Das stimmt beinahe. Die Schnüre, mit denen ich ihn kontrolliere, sind zwar unsichtbar, aber sie sind da. Man muss nur wissen, wo man ziehen muss. Aber jetzt achte auf seine Ohren." Saphirs Ohren bewegten sich, bis das innere Ohr Nicky zugewandt war.

„Ich lasse jetzt meinen Blick vorwärts und rückwärts über seinen Körper wandern, damit er nicht vergisst, wer der Boss ist."

Nicky stand sehr gerade und bewegungslos da, während Saphir mal langsamer und mal schneller um ihn herumlief. Und während Nicky ihn beobachtete, fiel ihm etwas auf, etwas, was Fern nicht sehen konnte und von dem er ihr auch nichts erzählen würde. Das giftige Gelb, das Saphirs Körper bisher umgeben hatte, begann zu verblassen. Stattdessen schimmerte ein weiches Himmelblau um ihn. Es bewegte sich, wenn er lief, und blieb stehen, wenn er anhielt.

„Er sieht toll aus. Er hört mir jetzt wirklich zu. He, hast du das gesehen?"

„Was?" Fern wendete ihren Blick nicht von Saphir ab.

„Er fängt an zu kauen. Das ist ein weiteres Zeichen. Auf diese Weise zeigen Pferde ihren Artgenossen, dass sie sie nicht bedrohen, sondern sich mit ihnen anfreunden wollen. Mein Großvater hat immer gesagt, dass sie durch dieses Kauen zeigen, dass sie Grasfresser sind und keine Raubtiere."

Als Saphir vorbeigaloppierte, waren die Bewegungen seiner Lippen deutlich zu sehen. Jetzt fiel er sogar in einen mühelosen, ausgreifenden Trab – als hätte er endlich Spaß an der Bewegung. Plötzlich senkte er den Kopf und berührte beim Laufen beinahe den Boden mit der Nase.

„Das war's." Nicky konnte einem gewissen Triumph nicht verbergen. „Das habe ich schon ein paar Hundert Mal erlebt. Er sagt mir, dass er mir jetzt vertraut. Wir können ihn wieder aufzäumen. Aber es liegt natürlich immer noch eine Menge Arbeit vor uns. Es ist unmöglich, all seine Macken in nur einer halben Stunde zu kurieren. Aber ich vermute, dass er von jetzt an wenigstens zugänglich sein wird."

Fern streifte Saphir die Zügel über den Hals. Er stand ruhig wie ein altes Schulpferd da, als sie ihm das Gebiss ins Maul schob und das Genickstück über die Ohren zog.

Einen Moment lang kaute Saphir gelassen auf dem Gebiss herum, dann spitzte er die Ohren, als wartete er darauf, was als Nächstes passieren würde. Fern gab ihm einen dicken Kuss auf die Nase und sah dann Nicky an.

„Du bist klasse", sagte sie strahlend. „Genau genommen bist du ein absolutes Genie!"

Nicky lachte und hatte das Gefühl, als wäre er gerade von einer langen Reise zurückgekehrt.

14

Diesmal war Brenda nicht nur ärgerlich, sondern kochte vor Wut. Nicky traf sie, als er von Fern zurückradelte.

Brenda kam aus dem Zeitungsladen und hatte die Abendzeitung unter dem Arm. Auf der Titelseite war ein neues Foto der Kornkreise, diesmal eine Luftaufnahme.

„Ich habe auf dich gewartet wie verabredet." Brenda band Midnight von dem Ring neben der Tür los und saß auf. Dann funkelte sie Nicky wütend an. „Schließlich bin ich zu euch geritten. Der armen Sabrina war es richtig peinlich, dass du ohne mich losgezogen bist. Sie hat versucht, dich in Schutz zu nehmen. Irgendwann konnte ich ihre Ausreden nicht mehr mit anhören und bin losgeritten, um nach dir zu suchen."

„Tut mir leid." Nicky machte eine verlegene Handbewegung und fühlte sich zum zweiten Mal an diesem Tag hundeelend. „Ich … ich habe es wieder vergessen."

„Recht vielen Dank. Jetzt fühle ich mich viel besser."

Lange Zeit sagte keiner etwas. Brenda saß auf ihrer Stute und starrte unverwandt nach vorn. Nicky stand neben seinem Fahrrad und spielte verlegen am Bremshebel herum.

„Und wo warst du?", stieß Brenda hervor. „Ich habe den ganzen Hügel nach dir abgesucht."

„Ich war auf der anderen Seite." Mit einem Fingernagel

kratzte Nicky den Rost von der Lenkstange. „Bei den Weiden."

„Da war ich heute Morgen. Als ich nach Sky gesucht habe. Ich habe die Hippies, die dort lagern, gefragt, ob sie den Hund gesehen haben."

„Was haben sie gesagt?"

Brenda zuckte die Achseln. „Sie wussten nichts von einem Hund. Oder es war ihnen egal. Wahrscheinlich waren sie alle high von irgendwelchen Drogen."

Nickys Kopf fuhr hoch. „Warum sollten sie Drogen nehmen?"

Sie zuckte wieder mit den Schultern. „Was weiß ich. Sie kamen mir einfach komisch vor. Sie saßen neben ihrem Bus im Kreis."

Nicky lachte kurz auf, doch seine Hände krallten sich so fest um die Lenkstange, dass das Vorderrad hochzuckte. „Und das heißt, dass sie Drogen nehmen?"

„Keine Ahnung. Schon möglich."

„Vielleicht aber auch nicht. Vielleicht sitzen sie auch einfach gern in der Nähe ihres Busses."

Die beiden sahen aneinander vorbei.

„Ich habe dieses Mädchen gesehen." Brenda brach das Schweigen und sah Nicky plötzlich wieder an.

„Welches Mädchen?", fragte er betont beiläufig.

„Das, das gestern mit dem Schimmel durch die Kornkreise geritten ist. Das Mädchen, das uns beinahe über den Haufen geritten hat."

„Hat sie mit dir gesprochen?"

Brenda schüttelte den Kopf. „Sie ist am Rand der Koppel entlanggeritten und über ein paar Baumstämme gesprungen. Ich glaube, das sollte sie nicht tun … ich meine, das Pferd ist so dünn."

„Vielleicht muss sie es tun. Vielleicht gibt es da etwas, das wir nicht wissen."

Brendas Stimme klang gepresst. „Dann hast du also mit ihr geredet?"

Nicky zuckte die Achseln. „Nur kurz."

„Worüber?"

„Über ihr Pferd. Sie macht sich Sorgen deswegen."

„Das wundert mich nicht. Wenn es meines wäre, hätte ich längst einen Nervenzusammenbruch. Was genau fehlt ihm denn?"

„Also …" Aus irgendeinem Grund fühlte sich Nicky in die Enge getrieben. „Ich weiß nicht … ich kann es nicht sagen. Aber du solltest nicht so vorschnell urteilen."

„Oh, toll. Vielen Dank. Jetzt bin ich auf einmal die, die alles verkehrt macht." Wieder sah sie wütend auf Nicky herab.

Er hielt ihrem Blick stand, und so sah er auch, wie sich ihre Augen mit Tränen füllten.

„Dann bis irgendwann." Brenda warf den Kopf zurück und trieb Midnight so heftig an, dass die Stute einen erschrockenen Satz machte.

„Bis bald." Nicky sah ihr nach, wie sie mit Midnight eilig auf dem Asphalt davontrabte.

Sie war kaum verschwunden, als es ihm auch schon leidtat. Er ärgerte sich über sich selbst und konnte nichts dagegen tun. Der Knoten in seinem Magen war wieder da.

15

„Jade und ich haben ein neues Plakat gemacht, während du bei der Mühle warst.“ Sabrina drückte Ketchup auf ihre Würstchen. „Bringst du es für mich zum Laden?“

Nicky schaufelte sich eine Ladung weiße Bohnen mit Tomatensoße in den Mund und sah seinen Vater an. „Darf ich?“

Sie hatten einen langen, heißen Tag hinter sich, an dem sie das Holz in der Mühle gestrichen hatten. Obwohl Nicky vor dem Abendessen geduscht hatte, hing der Farbgeruch immer noch in Haaren und Kleidern. Es würde ihm guttun, an die frische Luft zu kommen.

Sein Dad aß seine Pommes frites auf und trug dann den Teller zur Spüle. Danach holte er sich eine Getränkedose aus dem Kühlschrank und öffnete sie. „Wir müssen draußen das Brennholz aufstapeln. Dazu brauche ich deine Hilfe.“

„Ich habe den ganzen Tag gearbeitet. Ich brauche mal eine Pause.“

„Brauchen wir die nicht alle?“ Sein Dad nahm einen Schluck. „Außerdem bist du in letzter Zeit genug herumgestreunt. In deinem Alter ist das die beste Methode, sich Ärger einzuhandeln.“

„Ich habe doch nur nach Sky gesucht.“ Jetzt hatte Nicky

das Gefühl, dass auch sein Dad ihn in die Enge trieb. Und je eingeengter er sich fühlte, desto verzweifelter versuchte er, sich zu befreien.

Sein Vater sah ihn lange an und drehte die Dose in den Händen, bevor er den nächsten Schluck nahm.

„Auf jeden Fall will ich das Holz sortiert haben, bevor es zu trocken wird. Es sind ein paar größere Stücke dabei. Jim und ich haben uns da was überlegt. Aus denen können wir vielleicht etwas anderes machen als nur Feuerholz."

„Was denn?"

„Jim dachte, du könntest vielleicht etwas schnitzen ... so wie du es im Werkunterricht in der Schule machst."

Nicky schob die letzten paar Bohnen auf seinem Teller herum und verzog das Gesicht. Werken war sein Lieblingsfach, aber er hatte keine Lust, die halben Sommerferien damit zu verbringen. Andererseits wollte er weggehen, und das konnte er vergessen, wenn er seinen Dad verärgerte. Er musste so tun, als wäre er zumindest halbwegs interessiert.

„Was denn zum Beispiel?"

Sein Dad zuckte die Achseln und nahm einen großen Schluck. „Ich weiß nicht. Spielsachen vielleicht – durchaus denkbar, dass die Gadschos sie als Weihnachtsgeschenke kaufen."

„Nun hör aber auf, Dad. Weihnachten ist noch Lichtjahre entfernt. Außerdem dürfen alle anderen ..."

„Was die anderen tun, interessiert mich nicht. Ich will, dass du dich von allem Ärger fernhältst." Sein Vater schüttelte die Dose, um festzustellen, wie viel noch darin war.

„Ich werde keinen Ärger kriegen. Ich gebe Sabrinas Plakat ab, und dann klopfe ich bei den Leuten an die Türen und frage, ob jemand Sky gesehen hat. Bis jetzt haben das ein paar Freunde für mich getan, und …“ Nicky stand auf, um seiner Mutter den Teller zu reichen. „… es geht nicht, dass ich ihnen nicht helfe.“

„Du warst gestern spät zu Hause. Ich finde, du treibst es allmählich zu weit.“

Nicky überlegte fieberhaft. Wenn sein Vater weiter darauf herumritt, wie spät es gestern geworden war, hatte er keine Chance.

„Was hältst du davon, wenn ich mir morgen Vormittag das mit diesen Spielsachen überlege, bevor wir zur Mühle müssen? Tom hat doch gesagt, dass wir in den nächsten Tagen erst mittags kommen sollen, und morgens bin ich sicher fitter. Ausgeschlafen kann ich besser denken.“

Es herrschte Schweigen, während sein Vater austrank und die leere Dose neben das Geschirr stellte, das seine Frau bereits abgewaschen hatte. Dann warf er einen Blick aus dem Fenster, drehte sich zum Kühlschrank um und nahm sich ein neue Dose. „Aber bei Sonnenuntergang bist du zurück.“

„Prost.“ Nicky zwinkerte Sabrina zu und ließ sich von ihr das Plakat geben. Diesmal hatte sie Sky bettelnd gemalt, und die ganze Schrift stand auf einem Schild, das von ihrem Halsband herabhing.

„Du wirst es doch nicht verlieren, oder?“ Sabrina folgte ihm bis zur Tür.

Nicky rollte das Plakat zusammen. „Ich werde es sofort hinbringen, bevor ich etwas anderes tue. Ehrenwort.“

Er lächelte Sabrina kurz zu und fuhr dann in den Sommerabend hinein.

Wenigstens brauchte er sich diesmal keine Gedanken um Saphir und Fern zu machen. Diesmal würde er wirklich nach Sky suchen.

16

„Haben Sie vielleicht unseren Hund gesehen? Eine Schäferhündin? Sie heißt Sky und ist seit zwei Tagen verschwunden.“ Nicky stand auf den Eingangsstufen eines großen, modernen Hauses an der Hauptstraße, die an der Vorderseite von George Gibsons Feldern vorbeiführte.

Die Frau, von der nur die Augen zu sehen waren, weil sie ihre Haustür nur einen Spaltbreit geöffnet hatte, schüttelte den Kopf. „Versuch es bei Nummer 15. Das Haus liegt etwas zurückversetzt und ist von der Straße aus schlecht zu sehen, aber die Leute dort haben Hunde.“

Nicky befolgte ihren Rat. Schon bald stieß er auf eine hohe Mauer, die mit Efeu und Brombeerranken völlig zugewuchert war. Das Eisentor war ursprünglich schwarz gestrichen gewesen, doch die Farbe war an zahlreichen Stellen abgeblättert. An einem Pfahl neben dem Tor hing die Hausnummer 15. Sie stand auf dem Kopf.

Nicky stieß das Tor auf und ging die Auffahrt hinauf, die früher einmal sehr eindrucksvoll gewesen sein musste. Jetzt war der Asphalt wellig und rissig, und aus allen Löchern wucherte das Unkraut. Das Gras rechts und links der Zufahrt stand hüfthoch und war mit Löwenzahn und Butterblumen durchsetzt. Das Ganze war schon längst kein Rasen mehr.

Nicky kam an einem uralten rostigen Rasenmäher vorbei. Dann gab es noch ein altes Gewächshaus oder zumindest den Metallrahmen davon. Ein paar Glasscheiben waren noch da, doch sie waren alle gesprungen und mit Moos und grünem Schimmel bewachsen. Weiter hinten, zwischen den Bäumen, konnte er etwas erkennen, das aussah wie ein altes Stallgebäude.

Nicky konnte sich nicht vorstellen, wer hier wohnte. Bestimmt jemand, der krank war. Wer immer es auch war, er konnte ihm bestimmt nichts über Sky erzählen. Er ging weiter, und da die Auffahrt um die Kurve ging, konnte er erst jetzt das Haus sehen. Es war sehr groß und bestand aus verblichenen roten Ziegeln. An der Vorderseite befand sich eine Veranda mit einem schmiedeeisernen Gitter. Efeu wucherte an der gesamten Fassade und auch an den Fensterrahmen, was den Eindruck erweckte, als suchte es einen Weg nach drinnen. Vor allen Fenstern hingen zerlumpte und vergilbte Gardinen, die allesamt zugezogen waren.

Plötzlich ertönte wütendes Gebell. Zwei Hunde stürmten von der Seite des Hauses auf ihn zu. Nicky rührte sich nicht. Er verstand genug von Tieren, um keinen Fluchtversuch zu machen. Die Hunde umkreisten ihn schnappend und knurrend. Er starrte geradeaus und vermied jeden Blickkontakt, weil er wusste, dass er die Hunde sonst noch aggressiver machen würde.

„Was willst du hier?"

Nicky drehte nur die Augen, um die Person anzusehen, die auf ihn zukam. Zerzaustes rotes Haar. Finstere braune Augen. Maddy Proctor.

„Ich suche nach meiner Hündin. Meiner Schäferhündin."

„Typisch Zigeuner-Pack. Ihr könnt nicht einmal auf eure Tiere aufpassen. Es sollte ein Gesetz geben, das Leuten wie euch verbietet, einen Hund zu haben." Sie sah ihre Hunde an und stieß plötzlich einen Pfiff aus. Die Hunde beruhigten sich, ließen Nicky in Ruhe und liefen zu ihr. Sie sahen zu ihr auf wie Hütehunde, die auf ein Zeichen ihres Schäfers warteten.

Nicky wich einen Schritt zurück, und einer der Hunde knurrte.

„Ruhig. Ruhig." Maddy Proctor kraulte dem Hund liebevoll den Kopf und schaute dann gereizt auf. Auch ihre Stimme war einem Knurren nicht unähnlich. „Wie kommst du darauf, hier nach deinem Hund zu suchen?"

„Das ... das hat Ihre Nachbarin vorgeschlagen. Sie sagte, dass die Leute, die hier wohnen, Hunde haben, und da dachte ich, ich versuche es einfach."

„Nun, da hast du Pech. Ich lebe hier allein und habe nichts gesehen. Und wenn ich deinen Hund gesehen hätte, müsste ich mir überlegen, ob ich es dir sagen sollte. Ich kenne doch euch Zigeuner."

Sie hob plötzlich den Arm. Nicky zuckte zurück, weil er dachte, sie wollte ihn schlagen, doch das tat sie nicht. Stattdessen deutete sie mit ihrem langen Zeigefinger auf einen der Hunde.

„Jed hat Zigeunern gehört. Sie haben eine Zeit lang am Stadtrand kampiert, bevor dort die neuen Häuser gebaut wurden. Die Stadtverwaltung hat sie irgendwann vertrieben. Als sie weitergezogen sind, haben sie Jed zurückgelassen. Angebunden. Er war voller Geschwüre und nur Haut und Knochen. Ich kontrolliere jeden Platz, den ihr Gesindel verlasst. Ich könnte sonst nicht ruhig schlafen."

Im Hintergrund, in der Nähe des Stallgebäudes, hörte Nicky weitere Hunde bellen, und er fragte sich, wie viele sie wohl haben mochte.

Dann wanderte sein Blick wieder zu Jed. Er war ein großer Hund mit langhaarigem, grau meliertem Fell, der ein bisschen nach einem Wolfshund aussah. Er wirkte stark und gesund, und er sah Maddy Proctor an, als wäre sie so etwas wie ein Engel. Wenn ihre Geschichte stimmte, hatte sie mit diesem Hund ein kleines Wunder vollbracht. Nicky schaute Maddy Proctor wieder an.

„Wir sind aber nicht alle so."

Maddy Proctor hörte ihm nicht zu. Sie schnippte mit den Fingern, und sofort sprang Jed an ihr hoch.

„Er sieht jetzt sehr gut aus. Sie müssen viel von Hunden verstehen", sagte Nicky.

„Nicht nur von Hunden. Ich habe mit allen möglichen Tieren gearbeitet. Ziegen, Pferden, Bären. Früher habe ich die ganze Welt bereist." Sie begann, Jed verliebt in die Augen zu sehen und mit ihm zu reden, als sei er ein Baby.

„Ich muss jetzt gehen." Er sah Maddy Proctor an, doch die schaute auf ihre Hunde hinab und sprach jetzt mit beiden in Babysprache. Sie bemerkte nicht einmal, dass er ging.

17

Nachdem Nicky Maddy Proctors Grundstück verlassen hatte, ging er die Straße hinunter. Die Häuser standen weit auseinander, und sie waren alle sehr groß und sahen ziemlich neu aus. Zu jedem gehörten große Rasenflächen und lange, gepflegte Zufahrten. Es war die Art von Häusern, in denen die reicheren Gadschos lebten. Wegen der Hitze war das Bewässern der Gärten verboten, doch Nicky kam an mehreren Rasensprengern vorbei, deren Sprühnebel vor dem Hintergrund der tief stehenden Sonne Regenbogen bildeten. Einige der Hausbesitzer waren draußen und mähten den Rasen oder knipsten verwelkte Blüten ab.

Nicky fragte überall, ob sie einen herrenlosen Schäferhund gesehen hatten, doch keiner von ihnen konnte ihm helfen.

Nicky hätte am liebsten aufgegeben. Doch der Gedanke an einen Abend im Wohnwagen kam ihm schlimmer vor als der, draußen zu bleiben. Er überquerte die Straße und hielt auf George Gibsons Feld zu. Er wollte den Trampelpfad absuchen, der um das Feld herumführte, und auch in den Büschen entlang des Reitwegs nachsehen.

Als er das Feld erreichte, blieb er stehen. Von der Straße aus sahen die Kreise ganz anders aus. Man konnte sie kaum erkennen, weil das stehen gebliebene Getreide sie überragte. Er lehnte sich ans Tor, starrte ins Feld und dachte nach. Ferns Geschichte fiel ihm ein. Jetzt kam sie ihm verrückt vor. Konnte sie sich das alles ausgedacht haben? Er sah wieder ihr Gesicht vor Augen und hörte die Eindringlichkeit, mit der sie gesprochen hatte. Sie glaubte tatsächlich an das, was sie ihm geschildert hatte. Wenn wirklich Außerirdische diese Kreise gemacht hatten, warum um alles in der Welt in einem so öden Ort wie Maybridge?

Nicky sah sich verstohlen um. Es war niemand zu sehen, und er brauchte auch nicht weit in das Feld hineinzugehen. Aber er musste unbedingt ausprobieren, ob es möglich war, das Getreide in so makellosen Wirbeln niederzudrücken.

Er kletterte über das Tor und sah sich noch einmal um. Außer dem Summen einiger Insekten und dem heiseren Ruf einer Elster war kein Laut zu vernehmen. Nicky ging in die Hocke und strich mit den Fingern über die Getreidehalme. Sie waren trocken und spröde und brachen leicht. Er musste auf andere Art Druck ausüben. Den Druck über eine größere Fläche verteilen. Er überlegte kurz. Am besten ginge es wahrscheinlich mit einem Ast oder einem Brett, doch er konnte kein geeignetes Stück Holz entdecken.

Es gab nur eine weitere Möglichkeit. Langsam und vorsichtig legte er sich in das hohe Getreide, krampfhaft bemüht, seinen Körper dabei möglichst gerade zu halten.

Die Ähren pikten, und es war äußerst unbequem. Außerdem kam er sich vor wie ein Idiot, ausgestreckt wie eine ägyptische Mumie, die zum Himmel hinaufstarrte. Er hoffte nur, dass nicht plötzlich wieder ein tief fliegender Hubschrauber auftauchte. Er wälzte sich auf die Seite und versuchte, sich mit ausgestreckten Beinen im Kreis herumzurollen, ohne dabei Kopf und Schultern von der Stelle zu bewegen.

Als er sich einmal herumgewälzt hatte, stand er auf und klopfte sich Körner und Staub von den Kleidern. Er hatte einen Kreis gemacht, aber sehr deutlich war er nicht geworden. Er hatte keinen eindeutigen Mittelpunkt, und die Halme lagen nicht alle in derselben Richtung. Er musste sich eingestehen, dass sein Kreis aussah, als wäre jemand in einem Kornfeld herumgerollt.

Motorengeräusch ließ ihn aufschauen. Ein silberner Volvo-Kombi kam um die Kurve und parkte gegenüber dem Tor. Dicht hinter ihm kam ein leuchtend gelber Golf zum Stehen.

Nicky fluchte leise vor sich hin. Das konnte auch nur ihm passieren! Der Widerling und einer seiner Kumpane!

Wegzulaufen hatte keinen Sinn. Wenn er plötzlich losrannte, würde Boxwood sofort wissen, dass er etwas zu verbergen hatte. Er musste versuchen, sich nichts anmerken zu lassen.

Boxwood kam mit einer Kamera über der Schulter auf ihn zu. Hinter ihm begann ein großer dünner Mann, verschiedene Kästen aus dem Kofferraum des Golfs auszuladen. Der Widerling musterte Nicky von oben bis unten.

„Was hast du hier zu suchen?“

Nicky blieb, wo er war, und hoffte, dass Boxwood das platt gewalzte Getreide zu seinen Füßen nicht bemerken würde.

„Ich sehe mir die Kreise an, genau wie Sie.“

Der Widerling entblößte seine Terrierzähne und knurrte. „Wir sind nicht hier, um sie uns anzusehen. Wir sind hier, um zu arbeiten.“ Er sah sich um, als der andere Mann näher kam, und seine Stimme klang auf einmal leutselig und freundlich. „Darf ich dir Professor Sparkes vorstellen, einen Experten für Kornkreise? Der gute Professor wird alle Möglichkeiten in Betracht ziehen, stimmt's, Sir?“

„Aber ja. Alec war so nett, mich herzuführen. Er hat mich davor bewahrt, stundenlang herumzufahren und sonst wo zu landen.“ Er lachte kurz auf. Es klang wie ein Seehund mit Schluckauf. Dann wurde er wieder ernst. „Ich bin ihm sehr dankbar, dass er seine kostbare Zeit dafür geopfert hat. Ohne ortskundigen Führer finde ich mich nicht einmal in meiner eigenen Küche zurecht.“ Er fuhr sich mit einem Taschentuch über seine glänzende Glatze und betrachtete das Feld durch ein Fernglas.

Boxwood ging zurück zu seinem Wagen.

„Was glauben Sie, wer oder was die Kreise gemacht hat?“ Nicky fand, dass Professor Sparkes mit seiner hohen Stirn und den vorquellenden Augen selbst ein bisschen wie ein Außerirdischer aussah.

Der Professor senkte das Fernglas, wendete den Blick aber nicht vom Feld ab.

„Sehr oft ergeben meine Untersuchungen, dass die Kreise das Werk eines Scherzbolds sind. Ich habe aber auch schon Beweise für militärische Aktivitäten gefunden. Es gibt Leute, die überzeugt sind, dass die Kornkreise durch Experimente der Regierung entstehen – zum Beispiel durch Chemikalien, die vom Hubschrauber aus versprüht werden.“

„Aber die Bauern lassen es doch sicher nicht zu, dass die Regierung ihnen die Ernte verdirbt."

„Vielleicht wissen sie es gar nicht. Oder die Regierung zahlt ihnen genug dafür, dass sie den Mund halten."

Nicky runzelte die Stirn. Er kannte George Gibson nicht besonders gut, doch er vermutete, dass er von niemandem Schweigegeld annahm.

Professor Sparkes redete immer noch. „All das liegt im Bereich des Möglichen, doch deswegen bin ich nicht hier. Das interessiert mich nicht. Manchmal macht man Tests, um all die genannten Ursachen auszuschließen, und stellt dann fest, dass es keine logische Erklärung gibt. Und das ist der Moment, in dem man ganz dicht davor steht, einen Schatz zu finden. Zwischen all dem Mist ist tatsächlich manchmal ein Goldklumpen."

Nicky hörte ihm halb verstört und halb fasziniert zu.

„Und was ist mit diesen Kreisen? Wie wollen Sie herausfinden, ob sie echt sind oder nicht?"

Professor Sparkes holte einen Kompass aus einem seiner Kästen und hielt ihn vor sich hin. „Als Erstes suche ich nach Plasmavortex – dem Beweis dafür, dass die Kreise durch sich drehende Luftmassen entstanden sind. Dann werde ich prüfen, ob sich an den Seiten der Pflanzen ein weißer Staub finden lässt, und vielleicht entdecke ich auch Spuren einer Mikrowellen-Frequenz, die das Getreide erwärmt …"

Nicky verstand nur Bahnhof. Was der Professor sagte, klang wie die Geheimsprache eines Außerirdischen.

„Gab es schon …" Er zögerte. „Sind in der Nähe von Kornkreisen schon mal merkwürdige Dinge passiert?"

„Natürlich." Professor Sparkes schrieb etwas in sein Notizbuch und sah dann Nicky wieder an. „Ich habe Berichte von Lichtern am Himmel. Von unerklärlichen Feuern. Von Kameras, die nicht funktionierten; Menschen, die Visionen hatten."

Nicky spürte, wie sich seine Nackenhaare wieder aufstellten. „Und sind auch schon Dinge verschwunden?" Er versuchte, gelassen zu klingen. „Haben Sie schon einmal davon gehört, dass Tiere plötzlich spurlos weg waren?"

„Du verschwendest die Zeit des Professors. Er ist hier, um seine Arbeit zu erledigen, solange es noch hell genug dazu ist."

Nicky fuhr herum. Er hatte gar nicht mitbekommen, dass der Widerling die ganze Zeit am Tor gestanden hatte.

„Sie haben vollkommen Recht, Alec. Ich muss mit meinen Untersuchungen anfangen."

Diesmal lächelte der Professor Nicky zu. Es war ein nettes, warmes Lächeln. Nicky stellte fest, dass er ganz in Ordnung war – für einen Außerirdischen!

Plötzlich fiel ihm sein eigener Kornkreis wieder ein. Er scharrte mit einem Fuß in den geknickten Halmen herum, in der Hoffnung, sie damit wieder aufzurichten.

In Boxwoods Augen flackerte etwas auf.

„Hast du deinen Hund inzwischen gefunden?"

Nicky schüttelte den Kopf. „Noch nicht. Ich habe den ganzen Abend herumgefragt."

Professor Sparkes begann, halblaut mit sich zu reden. Er folgte den Traktorspuren und blieb ab und zu stehen, um etwas zu notieren oder Geräte in den Boden zu stecken.

„Glaubst du, dass dein Hund noch hier in der Nähe ist?“ Boxwood lehnte sich ans Tor, holte eine Zigarette aus der Tasche und zündete sie an.

Der Rauch wehte Nicky genau ins Gesicht. „Kann sein.“ Er schüttelte wieder den Kopf. „Immerhin habe ich Sky hier zum letzten Mal gesehen.“

„Das wird Gibson sicher interessieren.“ Boxwood zog an seiner Zigarette und blies Rauchkringel aus, die über das Feld trieben, bis sie sich auflösten.

„Ach ja? Warum sollte es?“, fragte Nicky in einem absichtlich mürrischen Tonfall.

„Wegen seiner Vögel.“

„Das ist nicht Sky“, fauchte Nicky ihn an. „Wenn sie fit genug wäre, um Fasanen zu jagen, würde sie nach Hause kommen.“

„Nicht unbedingt. Du hast doch gehört, was Gibson gesagt hat. Vielleicht ist sie verwildert …“ Er lächelte sein bösartiges Terrierlächeln. „Vielleicht ist sie wieder zum Wolf geworden.“

„Das ist doch albern!“

Boxwood hob plötzlich seine Kamera und fotografierte den Professor, der inzwischen den Rand des ersten Kreises erreicht hatte.

„Albern? Wohl kaum. Ich für meinen Teil bin hier, um Fotos zu machen. Fotos, die sich gut verkaufen lassen. Aber du …“ Er lachte. „Du bringst dich selbst in immer größere Schwierigkeiten. Es gibt genug Leute, die sich dafür interessieren würden, dass du dich mit der Herstellung von Kornkreisen beschäftigst.“

Bevor Nicky wusste, wie ihm geschah, hob der Widerling seine Kamera und fotografierte ihn.

„Perfekt“, sagte er grinsend. „Es ist nie verkehrt, einen Beweis zu haben – falls man ihn mal braucht. Und mach dir keine Sorgen, meine Ausrüstung wird durch die Kreise nicht gestört. Ich habe schon einen Haufen Fotos davon.“

Der Reporter drückte seine Zigarette auf dem Tor aus und schnippte sie dann nachlässig auf Nickys kläglichen Kornkreis.

„Sieh nach, ob sie richtig aus ist, Junge. Du möchtest doch sicher nicht auch noch wegen Brandstiftung belangt werden, oder?“

Dann drehte er sich lächelnd um, denn hinter Professor Sparkes Golf hatte ein Kleinbus voller Touristen angehalten, die alle auf die Kreise zeigten und Fotos machten.

18

„Ich hatte schon Angst, du würdest nicht kommen." Fern ritt auf Saphir herüber, als Nicky die Weide betrat. Nicky wusste genau, wie riskant es war, herzukommen, statt nach Hause zu gehen, aber der Widerling hatte ihm einen Schock versetzt, und er musste sich erst wieder beruhigen.

„Ich habe nach Sky gesucht."

Er erzählte ihr weder von Boxwood noch dem albernen Versuch, einen Kornkreis zu machen. Schließlich sollte sie ihn auch weiterhin für ein „absolutes Genie" halten. Nicky hob die Hand, um Saphir zu berühren.

„Er sieht viel besser aus. Wie ging es ihm heute?"

„Oh, gut, aber ich habe inzwischen ein neues Problem."

Nicky hörte das Stocken in ihrer Antwort, und zum ersten Mal an diesem Abend sah er ihr in die Augen. Sie hielt seinem Blick stand, doch dann kniff sie plötzlich die Augen zu, als wollte sie sie vor etwas verschließen.

„Was ist passiert?"

Fern schlug ihre Augen wieder auf. Sie waren voller Schmerz. „Ich habe meinem Dad gestern Abend alles erzählt – von der Trense und so. Er fand es großartig, aber ich darf Saphir trotzdem nicht behalten. Wir haben wenig Geld, und du weißt ja selbst, was ein Pferd kostet."

Nicky fühlte sich, als hätte ihm jemand einen Tritt versetzt. „Das bedeutet, dass er nun doch am Samstag zum Pferdemarkt muss?"

„Ja. Und seine Chancen, ein gutes Zuhause zu finden, sind noch genauso gering wie vorher. Ich weiß, wir beide finden ihn toll, aber ... sieh ihn dir doch an ..."

Nicky betrachtete das Pferd. Sie hatte Recht. Ob mit Trense oder ohne, für jeden Außenstehenden war er einfach ein mageres braunes Pferd mit hässlichen blauen Augen. Hilflos ließ Nicky die Hände sinken.

„Dann war es das also? Wir können nichts mehr tun?"

Fern seufzte. „Doch, vielleicht ... aber ich weiß nicht, wie du es findest. Vielleicht sieht es einfach lächerlich aus."

„Was denn?"

Fern ritt im Schritt um Nicky herum. Saphir wölbte stolz den Hals und machte erhabene Schritte.

„Sieh mal. Ich habe den ganzen Nachmittag geübt."

Sie ließ Saphir anhalten, holte mit den Beinen Schwung und kniete auf dem Pferderücken. Sie warf Nicky einen kurzen Blick zu.

„Ich fühle mich immer noch recht wacklig." Mit einer einzigen Bewegung richtete sie sich auf, sodass sie plötzlich stand. Saphirs Ohren zuckten zurück, doch er rührte sich nicht.

„Ganz ruhig." Besorgt griff Nicky in die Zügel.

„Keine Panik." Fern sah unverwandt geradeaus und hatte die Arme ausgebreitet. „Ich kann es schon im Schritt, und gleich werde ich es im Trab versuchen."

„Das sieht aber ziemlich gefährlich aus. Was ist, wenn er scheut? Was wir gestern gemacht haben, war keine Wunderheilung. Er kann immer noch durchgehen, wenn er in Panik gerät."

Fern ließ sich wieder in den Reitsitz gleiten. „Das ist kein Problem. Ich habe gelernt zu fallen. Und außerdem binde ich ihn zum Üben an einen Pfosten, damit er mir nicht durchgeht. Ich lasse ihn auf einem kleinen Kreis um den Pfosten herumlaufen."

Nicky wusste nicht, was er sagen sollte. Es klang zu verrückt. „Ist es schwer, das Gleichgewicht zu halten?"

„Ich muss mich einfach nur konzentrieren. Wenn ich ans Herunterfallen denke, bin ich wahrscheinlich schon fast unten." Sie zuckte die Achseln. „Aber es ist gut, dass du hier bist. Du musst mir sagen, ob es im Trab in Ordnung ist, bevor ich es im Galopp versuche."

Nicky fuhr sich mit den Fingern durchs Haar. „Du willst es im Galopp versuchen?"

„Warum nicht? Ich habe einen Plan. Eigentlich war es deine Idee ... es war, als du sagtest, dass Saphir so aussähe, als würde er tanzen ... weißt du noch?"

„Ja."

„Dabei musste ich an Zirkusreiter denken. An diese Reiterinnen in glitzernden Kostümen. Sie machen alle möglichen Kunststücke, das habe ich mal gesehen."

„Aber diese Leute werden beinahe als Artisten geboren. Sie bekommen wahrscheinlich schon zum ersten Geburtstag ein Trapez geschenkt. Ihnen fallen diese Kunststücke genauso leicht wie das Atmen."

„Jeder Mensch kann alles lernen, wenn er es nur will. Und außerdem ..." Sie unterbrach sich, und Tränen funkelten in ihren Augen. „… verstehe ich etwas davon. Nicht vom Kunstreiten, aber vom Tanzen. Meine Mutter war Tänzerin und hat mich unterrichtet. Ich war mal ganz gut."

„Tanzt sie immer noch?" Ein neues Bild von Ferns Mutter tauchte in Nickys Kopf auf. Schlank wie eine Weidenrute. Ein kerzengerader Rücken. Elegant wie ein Schwan, wenn sie sich drehte und sprang.

„Woher soll ich das wissen? Ich sehe sie schließlich nie!" Ferns Stimme klang auf einmal grob.

Verlegen streichelte Nicky Saphir den Hals. Er kam sich vor wie ein Tölpel und verfluchte seine Ungeschicklichkeit.

„Und da dachte ich …" Fern sah ihn wieder an. „… wenn ich daran arbeite, kann ich vielleicht Vorstellungen geben. Wenn mein Dad sieht, dass Saphir sein Futter verdient, darf ich ihn vielleicht behalten." Sie sah ihn prüfend an. „Ich möchte, dass du mir dabei hilfst."

Nicky presste sein Gesicht kurz in Saphirs Mähne und schaute dann zu Fern auf. Auf einem galoppierenden Pferd zu stehen kam ihm ungefähr so reizvoll vor wie den ganzen Tag kopfüber in einem Baum zu hängen, aber sie schien wild entschlossen. Vielleicht schaffte sie es tatsächlich. Sie konnte damit berühmt werden, so wie ein Mann, den er einmal gesehen hatte. Er war mit einem Motorrad über eine ganze Reihe von Bussen gesprungen war. Er nickte langsam.

„Wir versuchen es. Aber nur, wenn du nicht von mir verlangst, dass ich derjenige bin, der mit einem Bein in der Luft herumtanzt."

Fern strahlte plötzlich übers ganze Gesicht. „Du bleibst

im Hintergrund als mein Trainer. Mein Reitlehrer. Du brauchst mir nur bei Saphir zu helfen und mir zu sagen, wenn ich blöd aussehe."

Nicky hob die Brauen. „Das hört sich an, als müsstest du mir eine Gefahrenzulage zahlen. Vor allem für den letzten Teil."

Ferns Augen verengten sich zu schmalen Schlitzen. „Ich kann Kritik vertragen. Ich bin härter im Nehmen, als du denkst."

Sie ließ sich von Saphirs Rücken gleiten und rannte zu dem Baumstamm, auf dem sie gesessen hatte, als Nicky ihr zum ersten Mal begegnet war. „Das hätte ich fast vergessen. Ich habe ein Geschenk für dich."

Sie hob einen großen braunen Umschlag auf und kam damit zurückgerannt. „Hier."

„Danke." Ungeschickt zog Nicky das weiße Blatt Papier aus dem Umschlag. Er konnte sich nicht erinnern, schon mal aus heiterem Himmel ein Geschenk bekommen zu haben.

Plötzlich begann sein Gesicht zu glühen. Es war bestimmt ein Brief. Er würde ihr gestehen müssen, dass er nicht gut lesen konnte.

„Wie findest du es?"

Nicky betrachtete es, seine Panik verflog, und in ihm breitete sich eine angenehme Wärme aus.

Es war ein Plakat, wundervoll gemalt in Gold und Silber. Kleine, funkelnde Sterne umrandeten das ganze Blatt, und der Hintergrund war leuchtend blau. Quer durch das Bild flog ein geflügelter Schäferhund, der von glitzernder blauer Schrift umgeben war. Einen Teil davon konnte Nicky lesen, und den Rest erriet er.

Vermisst!
SKY
Ein wunderschöner Schäferhund
Bitte melden Sie sich bei Nicky
oder seiner Familie
(Im Romalager hinter der Müllkippe)

„Es ist … einfach toll. Du hast sicher Stunden dafür gebraucht."

Sie lächelte ihn glücklich an. „Es ist meine Art, Danke zu sagen. Du bist ein echter Freund."

Nicky schaute weg, weil er nicht wusste, was er dazu sagen sollte.

„Hör mal, ich muss jetzt wirklich los, vor allem wenn ich es mir mit meinem Dad nicht verderben will. Ich gebe das Plakat auf dem Rückweg im Zeitungsladen ab."

„Versuch, morgen wiederzukommen", sagte Fern grinsend. „Vielleicht kann ich bis dahin schon im Kopfstand galoppieren."

„Bis morgen." Nicky winkte ihr mit dem Umschlag nach, als sie über die Koppel davontrabte. Saphir sah großartig aus. Er hörte jetzt auf das, was Fern von ihm wollte. Er bemühte sich, ihr alles recht zu machen. Sie war zwar ziemlich verrückt, aber wenn sie die Kunststücke hinkriegte, würden vielleicht wirklich Leute kommen und ihr zusehen. Den ganzen Sommer über fanden hier in der Gegend Veranstaltungen statt, bei denen sie auftreten konnte. Und wenn ihr Vater erst merkte, wie viel ihr daran lag und wie hart sie trainierte, konnte er nicht so herzlos sein, Saphir dem Schlachter zu übergeben.

19

Als Nicky aus dem Laden kam, hörte er hinter sich die Hufschläge eines Pferdes. Mit einem erwartungsvollen Lächeln drehte er sich um. Das war bestimmt Fern, die vergessen hatte, ihm etwas zu sagen.

Doch es waren Brenda und Midnight.

Sie sahen sich verlegen an, dann lächelte Brenda schüchtern. „Es tut mir leid, wie ich mich gestern aufgeführt habe. Wirklich."

„Mir auch."

Wieder herrschte Schweigen.

„Ich habe etwas für dich. Sozusagen als Geschenk." Brenda sprang von ihrer Stute und begann in einem Sack zu wühlen, den sie hinter dem Sattel festgebunden hatte. Dann reichte sie Nicky einen braunen Umschlag.

Nicky sah sie wortlos an und zog dann das Blatt Papier aus dem Umschlag. Er wusste sofort, was es war. Noch ein Plakat.

„Sabrina hat mir erzählt, was mit ihrem passiert ist, und ich wollte mich auf diese Weise für gestern entschuldigen."

Nicky wusste nicht, was er sagen sollte. Aus dem Augenwinkel sah er, wie die Verkäuferin etwas ins Schaufenster klebte. Hastig trat er zurück und drückte seinen Rücken an die Scheibe. „Das war doch nicht nötig."

„Doch, das war es. Ich war gemein zu dir, als du dich ohnehin schon schrecklich gefühlt haben musst. Ich weiß, wie viel Sky dir bedeutet. Ich muss die ganze Zeit daran denken, welche Sorgen ich mir gemacht habe, als mein Hamster mal verschwunden war. Ich hätte …“ Sie lächelte verlegen. „Du weißt schon, ich hätte dir eine bessere Freundin sein sollen.“

Nicky hielt das Plakat auf Armeslänge von sich und machte sich gleichzeitig so breit, wie er konnte, um möglichst viel von der Schaufensterscheibe zu verdecken. „Es ist wirklich toll. Du musst eine Ewigkeit gebraucht haben, um das alles zu kleben.“

Das Plakat war eine Collage. Brenda hatte alle möglichen Hundebilder aus Zeitschriften ausgeschnitten und sie zu einer Form zusammengeklebt, die aussah wie der Kopf eines Schäferhundes – zumindest aus der Ferne betrachtet.

Brenda sah sich ihr Werk ebenfalls noch einmal an und lachte. „Ich musste es so machen, weil ich nicht malen kann.“

„Es ist toll.“ Nicky zögerte.

„Willst du es nicht drinnen abgeben?“

„Ich … äh … ja, klar …“ Er sah auf seine Schuhe und schaute dann wieder Brenda an. „Bis später dann. Ich gebe es gleich ab.“

„Sei doch nicht albern. Ich warte hier auf dich. Außerdem will ich nach all der Arbeit sehen, wie sich das Bild im Fenster macht.“

Nicky atmete geräuschvoll aus und schüttelte den Kopf. Es gab keinen Ausweg. Sie würde es ohnehin früher oder später merken. „Ich möchte dich nicht verletzen, aber … Sabrina hat schon ein neues Plakat gemalt …“

„Ach. Das macht doch nichts.“ Brenda lächelte immer noch und suchte das Schaufenster nach Sabrinas Werk ab. „Es schadet bestimmt nicht, wenn wir zwei Suchmeldungen aushängen.“

„Und Fern … das Mädchen mit dem weißen Pferd …“ Nicky trat abrupt zur Seite, damit Brenda auch Ferns Plakat sehen konnte, dessen goldene und silberne Schrift in der Abendsonne glänzte. „Sie hat auch eines gemalt …“

20

„Hör mal, komm doch einfach mit und lerne sie kennen. Du wirst sie mögen. Sie ist anders.“

„In welcher Beziehung?“ Brenda drehte sich wieder und wieder eine Strähne von Midnights Mähne um den Finger, als sie neben Nicky herritt. Seit sie Ferns Plakat gesehen hatte, hatte sie kaum mehr ein Wort gesprochen.

„Sie ist …“ Nicky zuckte die Achseln. „Ach, ich weiß nicht. Es ist schwer zu erklären. Sie ist … irgendwie interessant.“

Brenda verzog das Gesicht. „Nur weil sie wie eine Geisteskranke auf diesem armen Klepper durch die Gegend rast? Wenn ich Midnight so behandeln würde, würdest du mitten in der Nacht angeschlichen kommen, um sie vor mir zu retten.“

Nicky wurde rot vor Ärger. Genau das hatte er tatsächlich einmal gemacht, als ein anderes Pferd, Harlekin, misshandelt worden war. Diese Rettungsaktion war eine einzige Katastrophe gewesen, auch wenn schließlich alles gut ausgegangen war.

Nicky lenkte seine Gedanken zurück zu Fern. „Sie tut, was sie kann. Sie hat große Pläne mit ihrem Pferd.“

„Gleich wirst du mir erzählen, dass sie Flügel hat und einen Heiligenschein trägt.“ Brendas Hände krampften sich so fest um die Zügel, dass Midnight empört den Kopf hochwarf.

Nicky seufzte. „Lerne sie doch erst einmal kennen, bevor du über sie urteilst." Er legte eine Hand auf Midnights Hals und sah zu Brenda auf. „Vielleicht können wir beide ihr mit Saphir helfen. Und wir könnten auch zusammen nach Sky suchen. Wir wären ein richtiges Team."

Brenda sah Nicky direkt an. „Und wenn ich sie nicht leiden kann?"

„Dann kannst du sie wenigstens nicht leiden, weil sie so ist, wie sie ist. Und nicht weil du vermutest, wie sie ist. Das ist doch fair, oder?"

„Ist ja gut!", sagte Brenda entnervt. „Gleich wirst du noch vorschlagen, dass wir uns eine gemeinsame Wohnung suchen sollen. Wann triffst du dich wieder mit ihr?"

„Morgen. Wenn ich von der Mühle komme. Allerdings muss ich erst meinen Dad überreden, mich gehen zu lassen, und wir müssen eine Weile nach Sky suchen, bevor wir zu Fern gehen können."

„Ich werde morgen Abend zu dir reiten." Brendas Lippen verzogen sich zu zwei schmalen Strichen. „Versuch, ausnahmsweise auf mich zu warten."

Er nickte. „Das werde ich. Roma-Ehrenwort."

Er blieb einen Moment stehen und sah zu, wie Brenda und Midnight davontrabten.

Dann machte er sich auf den Heimweg. Als er an den baufälligen Garagen vorbeiradelte, hob er plötzlich triumphierend die Faust. Es konnte wirklich klappen mit ihm, Brenda und Fern. Sie konnten ein Team werden.

21

Als Nicky und Brenda ankamen, ließ Fern Saphir gerade an einem langen Seil um einen Pfosten herumtraben. Als sie die beiden bemerkte, ließ sie ihn anhalten und griff in sein Halfter. Sie lächelte Nicky kurz zu und sah dann Brenda an. „Halte dein Pferd von meinem fern. Nicky und ich haben es gerade erst erzogen. Ich will nicht, dass er sich wieder aufregt."

Brenda ließ Midnight ein paar Schritte rückwärtstreten. „Soll das heißen, dass du dein Pferd nicht im Griff hast?"

„Natürlich habe ich das. Ich möchte dich nur nicht in Gefahr bringen."

„Vielleicht solltest du lieber …"

Nicky unterbrach die beiden schnell. „Fern, das ist meine Freundin Brenda. Ich dachte, sie könnte uns vielleicht helfen. Auch sie kann gut mit Pferden umgehen."

Fern lächelte ihm abermals zu. „Toll." Dann sah sie wieder Brenda an. „Wenn du dein Pferd dahinten an den Baum bindest, kannst du dir ansehen, was Nicky und ich bisher erarbeitet haben."

„Ja, Chef." Brendas Gesicht war wie versteinert, doch Fern lächelte immer noch. Nicky war sich nicht sicher, ob sie Brendas schnippische Bemerkung gehört hatte.

Als Brenda auf den Baum zuritt, konzentrierte sich Fern

auf Nicky. „Ich habe ein paar neue Kunststücke eingeübt. Willst du sie sehen?“

Ohne auf eine Antwort zu warten, schwang sie sich auf Saphirs Rücken. Saphir trabte sofort an, und Fern begann, ihr rechtes Bein so hoch zu schwingen, dass es in den Himmel zeigte. Sie hielt es einen Moment lang so, machte dann eine schnelle Drehung, kreuzte die Beine in der Luft und saß verkehrt herum auf dem Pferd. Saphir blieb ruckartig stehen, und Fern ließ sich zu Boden gleiten.

„Das macht er immer“, rief sie Nicky zu. „Ich muss eine Möglichkeit finden, ihn in Bewegung zu halten.“

„Wahrscheinlich will er nur nett sein. Wenn du dein Gewicht verlagerst, fühlt es sich für ihn so an, als würdest du fallen. Vielleicht solltest du das Auf- und Abspringen üben, während er läuft, damit er sich daran gewöhnt.“

„Was soll das sein, was sie da macht?“ Brenda war wieder da und stellte sich neben Nicky. Fern rannte neben Saphir her, sprang auf, kreuzte die Beine über seiner Kruppe und sprang wieder ab.

Nicky warf ihr einen kurzen Blick zu. „Es ist so etwas wie ein Tanz zu Pferde. Sie glaubt, dass sie damit Geld verdienen kann.“

Brenda war wütend. „Davon hast du mir nichts erzählt. Ich dachte, wir wollten ihr helfen, ihr Pferd zu erziehen.“

„Das stimmt auch …“

„Jetzt sieh dir das an.“ Brenda deutete mit einem Kopfrucken auf Fern, die im Kreis herumgaloppierte und abwechselnd die Beine hochschwang. Plötzlich warf sie den Oberkörper zurück, hielt beide Beine in die Luft und drehte sich zur Seite. Saphir blieb wieder stehen und machte ein verwirrtes Gesicht. „Kein Wunder, dass das Pferd so verstört ist. Stell dir mal vor, jemand würde auf deinem Rücken so herumhampeln."

Nicky fand, dass Fern und Saphir großartig aussahen. Es war erstaunlich, was sie in der kurzen Zeit geschafft hatte.

„Er wird sich daran gewöhnen. Wahrscheinlich sieht er ihre Bewegungen nur aus den Augenwinkeln und weiß nicht, was er davon halten soll."

„Das geht nicht nur ihm so", bemerkte Brenda mürrisch. „Wenn ich gewusst hätte …" Sie sprang hastig zur Seite, denn Fern kam auf sie zugaloppiert und brachte Saphir genau an der Stelle zum Stehen, an der Brenda vorher gestanden hatte.

„Pass doch auf!"

„Tut mir leid." Ferns Augen funkelten. „Ich übe doch noch. Ich habe ihm die Hilfen zum Anhalten etwas zu spät gegeben."

Sie zupfte an den Zügeln und sprach leise auf Saphir ein, woraufhin er begann, auf der Stelle zu traben. Fern legte ihren Oberkörper auf die Mähne und streckte die Beine nach hinten aus, sodass ihre Füße über den Schweifansatz hingen. Nach wenigen Augenblicken nahm sie wieder den Reitsitz ein. Sie strahlte Nicky an.

„Was denkst du?"

„Wenn du an einem einzigen Tag so weit kommst, möchte ich wetten, dass spätestens am Ende der Woche die Zuschauer in Scharen herbeiströmen werden."

Brenda fuhr sich gereizt mit den Händen durchs Haar.

„Da bin ich anderer Meinung. Ich glaube, dass du die Zuschauer zu Tode ängstigen wirst. Sie werden sich während deiner gesamten Vorführung die Augen zuhalten, weil sie befürchten, dass du dir jeden Moment das Genick brichst."

Fern lächelte sie zuckersüß an. „Das ist genau das, was die Leute wollen – diesen Nervenkitzel, etwas wirklich Schreckliches mitzuerleben. Sie alle werden insgeheim hoffen, dass ich eines grauenvollen Todes sterbe. So holen sich die Leute ihren Kick – zumindest, wenn sie nicht vor dem Fernseher sitzen."

Doch so leicht gab Brenda nicht auf. „Na ja, das größte Problem sind auch nicht die Zuschauer, sondern dein Pferd. Genauer gesagt, das, was du ihm antust ..."

Ferns Lächeln gefror. „Was meinst du damit?"

„All diese Kunststücke. Das ist ja wie im Zirkus!"

„Was ist daran schlecht?"

„Was daran schlecht ist?" Brendas Stimme wurde schrill, und ihre Wangen röteten sich. „Jeder weiß, dass es Tierquälerei ist!"

Sie sah Nicky Hilfe suchend an. „Du bist doch meiner Meinung, oder? Du findest doch auch, dass die Tiere im Zirkus gequält werden."

„Ich ..." Nicky ließ seinen Blick von Brenda zu Fern und wieder zurück zu Brenda schweifen. „Manche Tiere schon. Wilde Tiere wie Löwen und Elefanten vorzuführen finde ich falsch, aber Pferde ..."

„Du findest es also in Ordnung, Pferde herumtanzen zu lassen und ihre Mähnen mit albernen Federbüschen zu verunstalten?"

Nicky hörte Brendas krampfhaftes Schlucken. Er fühlte sich schrecklich. „Bei Pferden ist es etwas anderes. Sie sind daran gewöhnt, für den Menschen zu arbeiten, und sie wollen ihrem Besitzer alles recht machen. Das hat mit ihrem Herdentrieb zu tun. Solange wir sie gut behandeln, betrachten sie uns als Leittiere der Herde."

„Aber es ist erniedrigend. Und unnatürlich." Jetzt rannen heiße Tränen über Brendas Wangen.

„Aber sind Springen und Dressur dann nicht auch unnatürlich?", gab Nicky leise zu bedenken. Er wünschte, Brenda würde aufhören zu weinen, und er wünschte, er hätte sie nicht mitgebracht.

„Und Federbüsche in der Mähne sind auch nicht alberner als Seidenschleifen an der Trense. Ich wette, damit hast du dein Pferd schon auf unzähligen Turnieren ‚erniedrigt'", mischte sich Fern wutentbrannt ein. „Das ist wieder einmal typisch für Leute wie dich. Du glaubst, dass alles, was ihr macht, richtig ist, und alles, was wir machen, falsch ist."

„Das tue ich nicht. Ich ..."

„Doch, das tust du. Ein Pferd über einen Parcours mit zwei Meter hohen Hindernissen und versteckten Gräben zu hetzen, ist richtig. Aber ein Pferd in einer Manege herumgaloppieren zu lassen, ist falsch. Einen Schäferhund für eine Fernsehsendung Schafe treiben zu lassen, ist richtig. Aber einen Jagdhund ein paar Fasane fangen zu lassen, damit seine Besitzer ein Abendessen haben, ist falsch ..." Auf einmal schien auch Fern die Stimme zu versagen, und sie wendete den Kopf ab.

„Hört mal ..." Nicky fühlte sich wie ein Kaninchen in

der Falle. „Das ist doch verrückt. Wir sind schließlich hier, um einander zu helfen."

„Nein, das sind wir nicht." Brenda schniefte hörbar. „Wir sind hier wegen Fern. Nur wegen Fern." Sie starrte

Nicky an. „Das wolltest du doch nur … sie bewundern. Aber dazu brauchst du mich nicht. Ich bin nicht einverstanden mit dem, was ihr macht, und ich will damit nichts zu tun haben!" Sie machte abrupt kehrt und rannte auf Midnight zu.

Nicky und Fern sahen schweigend zu, wie sie die Stute losband, aufsaß und davongaloppierte.

Nicky sah Fern an. „Tut mir leid. Das wollte ich nicht."

„Ich weiß. Es tut mir auch leid." Fern rieb sich die Augen und schniefte. „Solltest du ihr nicht hinterherfahren?"

Nicky sah Brenda nach, die längst in einer Staubwolke verschwunden war. Er seufzte. „Ich fürchte, wenn ich ihr jetzt folge, kriege ich höchstens einen Reitstiefel ins Gesicht." Er schüttelte den Kopf. „Außerdem bin ich nicht so schnell wie Midnight."

„Nein, wohl nicht." Fern vergrub das Gesicht in den Händen und ließ den Kopf hängen. „Ich habe alles verdorben. Ich wette, sie hasst mich jetzt."

„Sie wird sich wieder beruhigen. Ich rede nachher mit ihr."

Fern lächelte.

„Also gut. Was wollen wir jetzt machen?"

Nicky hob die Hand und rieb Saphir die Stirn. „Vielleicht solltest du noch einmal das Beineschwingen üben. Aber diesmal werde ich mitlaufen und Saphir weiterführen, wenn er stehen bleiben will. Vielleicht gewöhnt er sich dann an die Gewichtsverlagerungen auf seinem Rücken."

Fern schwang sich wieder auf Saphir, und Nicky rannte mit ihm im Kreis herum, während Fern in den Rückwärtssitz wechselte.

22

„Ich dachte, sie wäre bei dir." Brendas Mutter bewässerte ihren Garten.

Nicky beobachtete eine Elster, deren Federn im Licht der untergehenden Sonne schimmerten wie blaue Seide. „Das war sie auch. Aber sie ist … ein Stück allein geritten."

Brendas Mutter sah ihn prüfend an. „Ist alles in Ordnung?"

„Klar."

Die Elster zog einen Regenwurm aus dem feuchten Boden und flog mit ihm davon.

„Wenn du sie findest, sag ihr bitte, dass sie bald nach Hause kommen soll. Sie muss unbedingt mal wieder früh ins Bett. Sie war in letzter Zeit dauernd unterwegs, um nach deinem Hund zu suchen. Gibt es schon etwas Neues von Sky?"

Nicky schüttelte den Kopf. „Nein. Leider noch nicht." Er spielte am Bremshebel seines Fahrrads herum und wünschte, Brenda hätte den Tag mit etwas anderem verbracht. „Sie ist bestimmt im Stall. Ich werde mal nachsehen." Er drehte sein Rad um und fuhr davon.

„Ich dachte, sie wäre bei dir." Liam mischte draußen am Wasserhahn das Abendfutter. Liam arbeitete für Declan

Carter, Midnights Besitzer. Obwohl Brenda die Stute dauerhaft in Pflege hatte, hatte sie sie in ihrem gewohnten Stall gelassen.

„Sie …" Nicky zögerte. „Sie ist allein zurückgeritten. Ich wollte nur wissen, ob sie heil angekommen ist."

„Hast du es schon auf dem Hügel probiert? Sie ist ganz verrückt nach diesen Kornkreisen. Vielleicht ist sie hingeritten, um sie sich im Sonnenuntergang anzusehen oder sonst etwas Bekloppte zu tun. Du weißt ja, wie sie ist."

Nicky nickte und wandte sich zum Gehen.

23

Die Luft war zum Schneiden, denn die Hitze hatte sich auch zum Abend nicht gelegt.

Nicky kaufte sich im Zeitungsladen eine Cola und schob sein Rad über den Reitweg bis auf den Hügel.

Als er etwa die Hälfte des Wegs hinter sich hatte und an der Stelle angekommen war, an der sowohl Midnight als auch Sky Angst bekommen hatten, hielt er an. Irgendetwas stimmte nicht. Die Büsche am Wegrand sahen irgendwie zusammengedrückt aus. Das musste Nicky sich genauer ansehen. Er schob den Kopf durch eine Lücke im Gestrüpp. Hineinzugehen wagte er nicht, denn direkt neben dem Reitweg begann George Gibsons Land, doch er sah auch so, was er sehen wollte.

Es war eine Gruppe dicht beieinanderstehender Bäume, umgeben von Büschen und Brombeerranken, die so dicht wuchsen, dass sie eine Art Dach bildeten. Das Ganze erinnerte Nicky an eine Höhle – die Art von Spielplatz, die er als Kind geliebt hatte. In der Höhle herrschte allerdings das Chaos. Alte Zeitungen lagen herum. Eine halb von Laub begrabene Kette. Ein alter Metallpfosten. Nichts wirklich Interessantes, doch Nicky konnte Spuren lesen. Er erkannte, dass das Laub erst kürzlich aufgewühlt worden war und dass tiefe Schleifspuren in die Höhle führten. Daran war jedoch nichts Unheimliches, und es sah auf keinen Fall so aus, als hätten sich Außerirdische in dieser Höhle versteckt. Nicky vermutete eher, dass die Spuren von einem Landstreicher stammten, der das Versteck als Schlafplatz genutzt hatte.

Er ging weiter und blieb auf der Hügelkuppe stehen, um sich noch einmal die Kornkreise anzusehen. Dort stand er lange Zeit und starrte auf das Feld hinunter. Auf der Straße parkte ein helles Auto, von dem er durch die Büsche nur das glänzende Heck sehen konnte. Davon abgesehen gab es keine Lebenszeichen. Allerdings war es unübersehbar, dass Leute da gewesen waren. Viele Leute. Denn die Kornkreise hatten sich verändert. Jetzt führten mehr Wege hinein, und auch die Ränder waren unregelmäßiger als vorher. Es wurde immer schwieriger, die ursprünglichen Formen zu erkennen. Trotz der einbrechenden Dämmerung, die das Gold des Getreides mit schwarzen Schatten belegte, hatten die Kreise kaum noch etwas Geheimnisvolles an sich. Es war fast, als würde die Zauberkraft, auf die Fern ihn hingewiesen hatte, durch die beschädigten Ränder davonfließen.

In einiger Entfernung bellte ein Hund. Nicky zuckte zusammen. Es erschien ihm immer unwahrscheinlicher, dass er Sky wieder finden würde.

Plötzlich bemerkte er unten auf der Straße eine Bewegung. Ein Pferd mit Reiter. Brenda und Midnight. Brenda hatte die Füße aus den Steigbügeln genommen, und die Zügel hingen locker herunter. Midnight trottete mit hängendem Kopf vor sich hin. Die beiden sahen aus, als wären sie am Boden zerstört.

Nicky winkte und rief, doch sie hörten ihn nicht. Sie waren zu weit weg. Er sprang auf, schnappte sein Fahrrad und raste in halsbrecherischer Fahrt bergab. Als er das Tor zu George Gibsons Wald erreicht hatte, hörte Midnight ihn. Ihr Kopf fuhr hoch, sie spitzte die Ohren und wieherte. Brenda schaute ebenfalls auf.

Nicky winkte ihr hektisch zu, aber Brenda tat so, als ob sie ihn nicht sehen würde.

Sie nahm die Zügel auf und trabte davon.

Nicky sah ihr nach und seufzte. Er fühlte sich noch immer niedergeschlagen, doch er hatte keine Ahnung, was er tun sollte. Vielleicht war es das Beste, sie einen oder zwei Tage in Ruhe zu lassen – bis sie sich beruhigt hatte. Es war sinnlos, ihr jetzt nachzujagen. Zumindest wusste er nun, dass ihr nichts passiert war.

Er wollte gerade kehrtmachen, als ein Pfiff ertönte. Er war sehr leise und ganz in seiner Nähe. Außerdem waren Schritte zu hören. Zweige knackten. Blätter raschelten.

Nicky drückte sich dicht an den Zaun und zuckte zusammen, als sich der Stacheldraht durch sein dünnes T-Shirt in die Haut bohrte.

Plötzlich kam direkt vor ihm etwas aus dem Wald gestürmt. Es waren zwei Hunde. Ein hellbrauner und ein grauer. Nicky erkannte die beiden sofort. Es waren Buffy und Bliss.

„He, ihr beiden. Zurück mit euch!" Jemand hastete hinter den Hunden her und kletterte über das Tor. „Ihr Köter seid zu nichts zu gebrauchen. Was ist heute los mit euch?"

Nicky sah, wie Bliss sich duckte und zurückwich. Dann

hörte er einen Hund aufheulen. Das Nächste, was er sah, war das Aufleuchten eines Streichholzes, gefolgt von Rauchkringeln, die langsam davonwehten. Es gab keinen Zweifel, wer da rauchte. Es war der Widerling.

24

Nicky beobachtete, wie Boxwood die Straße entlangging. Erst jetzt wurde ihm klar, dass es das Auto des Widerlings war, das dort in den Büschen parkte. Er sah zu, wie Boxwood die Heckklappe für die Hunde öffnete, einen Sack zu ihnen hineinwarf und davonfuhr. Nicky verstand gar nichts mehr. Hatte George Gibson dem Widerling erlaubt, in seinem Wald Fasane zu jagen? Das war unwahrscheinlich, denn es war Schonzeit.

Und wie war der Widerling an die Hunde gekommen? Warum sollte Ferns Vater ihm so spät am Abend seine Hunde mitgeben? Wusste er vielleicht gar nichts davon? Vielleicht hatte Boxwood ihm vorgelogen, dass er Fotos von Jagdhunden machen wollte? Vielleicht hatte er Ferns Dad Geld angeboten, damit er sie sich eine Weile ausleihen durfte? Nicky wusste, dass Geld bei Fern und ihrem Vater knapp war. Außerdem kannten sie Boxwood mit Sicherheit nicht gut. Ihm ging es nur um seine Storys, und es war ihm egal, wie er sie bekam. Vielleicht borgte er sich die Hunde aus und fotografierte als Nächstes dann einen Haufen toter Fasane, die er „zufällig“ neben Ferns Wohnwagen gefunden hatte. Dann wäre es zu spät. Am nächsten Tag würde alles in der Zeitung stehen.

Das war genau das, was die Gadschos gern lasen. Und

George Gibson würde die Hippies schneller von seinem Land verjagen, als man blinzeln konnte.

Es wurde dunkel. Sein Vater würde toben, wenn er nach Hause kam. Doch Nicky konnte nicht bis zum Morgen warten. Er wusste jetzt, dass Brenda nichts fehlte – nun musste er Fern helfen. Sie musste erfahren, was er gerade beobachtet hatte, damit sie und ihr Dad die Chance hatten, dem Widerling einen Schritt voraus zu sein.

25

Es war schon spät. Der Himmel war pechschwarz und mit Sternen übersät.

Saphir kam angaloppiert. In der Dunkelheit war das ungepflegte Fell nicht zu sehen, und er wirkte beinahe schön.

„Ganz ruhig. Mach bitte kein Theater. Ich versuche gerade, mich unsichtbar zu machen.“ Saphir schnaubte und stupste Nicky am Arm. Als Nicky dann quer über die Koppel schlich, folgte er ihm. Bei einem Baum, dessen dicke Äste über die Straße ragten, blieb Nicky stehen. Er kletterte auf den Baum. Vielleicht konnte er Fern von diesem Baum aus auf sich aufmerksam machen.

Auf der anderen Straßenseite stand ein Sammelsurium der verschiedensten Fahrzeuge: Wohnwagen, Laster, ein Bus, ein alter Krankenwagen und ein Pferdetransporter. Ein riesiger Mann mit Tätowierungen auf den Schultern arbeitete an einem Motor. Eine dünne Frau in einem Kleid mit Indianermuster nahm Wäsche von der Leine.

Nicky verlagerte sein Gewicht, um eine bequemere Position zu finden.

In dem Pferdetransporter bellte ein Hund. Er klang wie ein Schäferhund. Nicky riss ein Blatt vom Baum und zerrupfte es in kleine Stücke, die er zu Boden rieseln ließ.

Eine schlanke, blonde Frau kochte über einem offenen

Feuer. Sie trug ein langes, duftiges Kleid, das mit Ziermünzen und Perlen besetzt war, die im Feuerschein funkelten. Der Duft des Essens wehte zu Nicky herüber, und es war ein Duft, den er gut kannte. Ein gehaltvoller, fleischiger Duft. Fasan.

Plötzlich sah Nicky eine kleine Gestalt hinter dem Pferdetransporter auftauchen. Eine Person mit langen, dunklen Haaren. Fern!

Er beugte sich vor und überlegte, ob er es wagen konnte zu pfeifen, doch sie kam nicht nahe genug heran. Er schüttelte die Äste des Baumes ganz leicht, in der Hoffnung, dass Fern sich umsah und die Bewegung der Zweige entdeckte. Doch sie tat es nicht. Er beobachtete, wie sie auf die blonde Frau zuging. Mühelos konnte er jedes Wort verstehen.

„Das riecht gut, Shannon. Wann ist es fertig?"

„In zehn Minuten. Aber wir müssen auf deinen Dad warten. Ich möchte nicht, dass es wieder Ärger gibt."

Fern nickte und sah zu, wie Shannon den Kessel höher hängte, wo die Flammen nicht mehr so heiß waren.

Nicky war erstaunt, dass Fern den Geruch des gebratenen Fleischs mochte. Vielleicht war sie aber einfach nur höflich. Doch dann schüttelte er grinsend den Kopf. Feine Gadscho-Manieren passten nun wirklich nicht zu Fern.

Der tätowierte Riese gesellte sich zu den beiden, setzte sich ins Gras und lehnte sich mit dem Rücken gegen einen der Wohnwagen. Fern sagte etwas zu ihm. Ihr Gesicht war abgewendet, und so konnte Nicky es nicht genau verstehen, aber es war etwas über jemanden, der einkaufen gegangen war. Was immer sie gesagt hatte, es schien ein guter Witz gewesen zu sein. Alle fingen an zu lachen wie eine Familie, die ein Geheimnis teilt.

Nicky riss ein weiteres Blatt ab und zerrupfte es. Ferns Leute schienen sich sehr nahezustehen. Vielleicht war das bei allen Hippies so.

Shannon verschwand in einem schäbigen Wohnwagen. Plötzlich waren Scheinwerfer zu sehen.

Fern wich ein paar Schritte zurück, und zwei Hunde kamen um die Ecke gesaust. Es waren Buffy und Bliss, gefolgt von Boxwood.

Nicky wagte kaum zu atmen. Hoffentlich nahmen die beiden Hunde jetzt nicht seine Witterung auf. Er presste sich an den Baumstamm und kam sich vor wie ein Fasan zur Jagdzeit.

Doch die Hunde schienen sich nicht für ihn zu interessieren. Buffy legte sich neben Shannon, und Bliss rannte aufgeregt zu Fern, sprang an ihr hoch und versuchte, ihr das Gesicht abzulecken.

„Jag sie weg!“ Boxwood lehnte sich neben dem Riesen gegen den Wohnwagen. „Sie hat heute vollkommen versagt. Sie bringt sie nicht her, und sie zerbeißt sie, bis sie hin sind.“

„Sie ist doch noch jung. Sie wird es noch lernen.“ Fern sprach sehr leise. Nicky musste sich anstrengen, um sie zu verstehen.

„Wozu?“ Der Widerling lachte. „Ich habe diesen Dummkopf getroffen ... total bekloppt ist der ... er will unbedingt einen Hund haben, weil er stundenlang in irgendwelchen Büschen herumsitzt und auf Außerirdische wartet. Er sagt, er braucht Schutz. Ich hatte einen anderen Hund für ihn vorgesehen, aber ich kann ihm genauso gut Bliss verkaufen. Er versteht sowieso nichts davon."

„Aber Shannon sagt, dass wir nächsten Sommer mit ihr an Jagdhundeprüfungen teilnehmen könnten."

Ferns Stimme hatte einen flehentlichen Klang angenommen. Sie hörte sich an wie ein Kleinkind. So hatte Nicky sie noch nie sprechen hören.

„Nächsten Sommer? Wer weiß, wo zum Teufel du nächsten Sommer bist! Du hast den Kopf schon wieder voller Träume. Es wird Zeit, dass du endlich aufwachst."

Nicky sah zu, wie Shannon einen Stapel Teller brachte. Sie reichte Boxwood, dem tätowierten Riesen und Fern je einen.

„Bedient euch", sagte sie. „Drinnen ist Brot. Ich mache noch schnell einen Salat." Die drei versammelten sich um den Kessel und folgten dann Shannon in den Wohnwagen. Der tätowierte Riese versperrte Nicky die Sicht, und so konnte er nicht sehen, ob Fern etwas von dem Fleisch nahm.

Lautlos sprang er vom Baum. Er verstand nicht, was Boxwood bei den Hippies zu suchen hatte. Fern musste ihn recht gut kennen. Er machte keinen Smalltalk mit ihr. Nicky konnte sich nicht vorstellen, dass Fern ihn mochte, doch jetzt würde es noch schwerer sein, sie vor ihm zu warnen. Und selbst wenn er es tat ... was konnte sie schon unternehmen? Ihrem Vater gehörten die Hunde – er war es, den Nicky überzeugen musste. Und da mit Fasanen eine Menge Geld zu machen war, hatte Boxwood vielleicht gar nicht vor, die Hippies hereinzulegen. Fern hatte gesagt, dass bei ihnen das Geld knapp war. Vielleicht machte ihr Dad mit dem Widerling gemeinsame Sache.

Nicky ballte die Fäuste, als er zu seinem Fahrrad zurückschlich. Was auch immer bei den Hippies vorging, Boxwood musste begeistert gewesen sein, als er ihm erzählt hatte, dass Sky verschwunden war. Ein streunender Hund war für ihn geradezu ein Geschenk des Himmels, denn damit konnte er George Gibson perfekt von sich ablenken. Er war wirklich ein Widerling.

Nicky war schon fast am Tor, als Saphir an ihm vorbeitrabte. Er stellte sich quer vor ihn, als wollte er ihm den Weg versperren. Nicky ließ ihn mit dem Maul über seine Schulter fahren.

„Na, du?“, begrüßte er ihn leise. „Versuchst du, mich aufzumuntern? Bringst du jetzt mich wieder in Form?“

Er schlang die Arme um Saphirs Hals, lehnte sich gegen ihn und versuchte, sich zu entspannen.

Plötzlich zerriss ein Laut die Stille. Saphir hörte ihn ebenfalls und sprang mit angelegten Ohren zur Seite. Ein Brüllen. Ein langer, dünner Schmerzensschrei.

„Schon gut. Ganz ruhig.“ Nicky griff nach Saphir und streichelte seine Stirn, doch in seinem Kopf überschlugen sich die Gedanken.

Sollte er zurückgehen? Sollte er etwas unternehmen?

Saphir stand reglos da und starrte zu den Wohnwagen hinüber. Nicky streichelte ihn, knetete Hals und Schultern
mit den Handballen, um Saphirs Angst zu lindern. Saphir zu helfen, half auch ihm selbst. Er schüttelte den Kopf.

Seine Nerven waren im Moment einfach zu angespannt. Wahrscheinlich war es gar kein Schmerzensschrei gewesen, sondern nur ein besonders schrilles Lachen.

Er hörte eine Wohnwagentür zuschlagen und ein Auto anspringen. Wenigstens fuhr der Widerling weg, und Fern brauchte nicht noch mehr Zeit mit ihm zu verbringen.

Zum Abschied berührte er noch einmal Saphirs Stirn. Dann machte er sich auf den Heimweg.

26

Dad und Jim saßen draußen am Feuer. Nicky radelte über den Lagerplatz und versuchte, unauffällig an den beiden vorbeizukommen. Er hoffte, dass sein Vater ihn nicht bemerken würde.

Es klappte nicht.

Sein Dad stand auf und kam auf ihn zu, als er gerade sein Rad an der Deichsel des Wohnwagens festkettete.

„Was soll das? Geht die Sonne am anderen Ende des Ortes später unter?"

„Tut mit leid. Ich war nur ..." Nicky zögerte und entschied sich dann für eine Fassung, die der Wahrheit ziemlich nahe kam. „Ich habe mich mit Brenda gestritten und musste nachsehen, ob sie in Ordnung ist."

„In nächster Zeit wirst du dich nicht mehr mit ihr streiten."

„Wie meinst du das?" Plötzlich befürchtete Nicky, dass sein Vater ihm etwas Schreckliches mitteilen musste. Vielleicht war Brenda doch nicht heil nach Hause gekommen.

„Du wirst von jetzt an hierbleiben. Du hast es in diesen Ferien übertrieben. Geh jetzt hinein."

Nicky ging und knallte die Tür des Wohnwagens, den er mit Jim teilte, hinter sich zu.

Er ließ sich auf die Sitzbank fallen und machte sich nicht

einmal die Mühe, das Licht einzuschalten. Doch die Gedanken in seinem Kopf zuckten so grell wie die Neonbeleuchtung auf dem Jahrmarkt. Er machte sich Sorgen um Fern. Und um Brenda. Und darum, dass er nicht wieder hinausdurfte, um mit den beiden alles wieder ins Lot zu bringen.

Nicky sah aus dem Fenster. Jim sagte etwas zu seinem Dad, woraufhin dieser ihm zuprostete. Beide lachten.

Plötzlich hasste er seinen Vater. Er hatte nie versucht, die Dinge aus seiner Sicht zu sehen. Er schien nie jung gewesen zu sein. Er war alt und mürrisch geboren worden. Er hatte keine Ahnung, wie es war, in Nickys Alter zu sein.

27

Nicky fluchte. Unter seinem Fingernagel tobte ein höllischer Schmerz. Und noch während er hinsah, verfärbte sich der Nagel schwarz. Es war das dritte Mal an diesem Morgen, dass er sich mit dem Hammer auf den Daumen geschlagen hatte.

Er trat zurück und warf einen kritischen Blick auf die grobe Form, die er zusammengenagelt hatte. Es sollte ein Pferd werden – ein Spielzeug, das Kinder mit in den Garten nehmen konnten. Aber es sah furchtbar aus. Der Kopf war zu groß und der Körper zu dick. Nicky war nur froh, dass Dinosaurier bei Kindern so beliebt waren.

Er streifte sein T-Shirt ab, lehnte sich gegen den Baumstumpf, den sie zum Holzsägen benutzten, und nahm einen Schluck Cola. Sie schmeckte ekelhaft. Er hatte die Dose in der Sonne stehen lassen, und das Blech war so heiß geworden, dass er sich fast die Finger verbrannte. Er seufzte. Er musste weiterarbeiten. Sein Vater kochte noch immer. Er merkte es, wenn er ihn ansah. Er musste dieses Pferd wenigstens einigermaßen hinbekommen und seinen Vater damit wieder freundlich stimmen. Wenn er das nicht schaffte, würde er nie wieder irgendwo hingehen dürfen.

Er beugte sich vor und nahm eine Handvoll feiner Holzspäne auf – Späne, die angefallen waren, als er versucht hatte, den Kopf des Pferdes zu schnitzen. Sie waren weich und biegsam. Mit neuem Schwung sprang Nicky auf und nagelte die Späne am Hals fest. Sie machten sich gut. Das musste den Gadscho-Kindern gefallen. Er legte den Kopf schief und betrachtete den Rest seiner Schöpfung. Er könnte mehr Feinheiten in das Gesicht schnitzen. Er könnte sich Jims Hohlbeil ausleihen und dem Körper eine bessere Form geben. Er könnte …

„Da ist Besuch für dich. Ein Mädchen." Sabrina tauchte plötzlich hinter dem Wohnwagen auf.

Nicky drehte sich zu ihr um und wischte sich mit dem Arm den Schweiß von der Stirn. „Weißt du, wer es ist?"

Sabrina zuckte die Achseln. „Ich habe sie noch nie gesehen. Aber sie ist hübsch. Ihr Haar glitzert, weil sie lauter Perlen hineingeflochten hat."

Nicky ließ den Hammer fallen und klopfte sich den Holzstaub von der Brust. „Erlaubt Dad, dass ich mit ihr rede?"

Sabrina hockte sich vor einen Haufen Sägemehl, nahm etwas davon in die Hand und ließ es durch die Finger rieseln. „Also, im Moment plaudert er mit ihr."

„Er plaudert?" Nicky sah seine Schwester an, als hätte sie ihm gerade gesagt, dass ihr Vater in einem kurzen Röckchen und Ballettschuhen über den Platz tanzte.

„An deiner Stelle würde ich jetzt gehen. Bevor ihm wieder etwas einfällt, das ihn wütend macht."

Sabrina nahm einen Stock in die Hand und begann, Muster in das verstreute Sägemehl zu malen.

Nicky streifte sein T-Shirt wieder über und ging um den

Wohnwagen herum. Sabrina hatte Recht. Fern stand bei seinem Vater, und beide lachten. Dad sah sich um, als er näher kam. Er lächelte immer noch.

„Da bist du ja. Wie kommst du voran?“

„Ganz gut.“

„Ich werde noch mehr Holz für dich sägen, während du mit deiner Freundin sprichst.“

Nicky sah seinem Vater nach, als er fortging. Er fragte sich, was auf einmal mit seinem Vater los war.

Fern lächelte Nicky an. „Ich habe ihn aufgeheitert. Als ich ankam, habe ich deine Schwester getroffen, und sie hat mir gesagt, dass dein Dad sauer auf dich ist. Da musste ich dir doch helfen.“

Nicky war immer noch vollkommen überwältigt. „Ich muss unbedingt wissen, was du zu ihm gesagt hast. Dann kann ich es jeden Abend vor dem Schlafengehen üben.“ Er runzelte die Stirn, sah sie prüfend an und musste wieder an den vergangenen Abend denken. „Was ist mit deinem Arm passiert?“

„Er ist nur gezerrt.“ Fern verzog leicht das Gesicht. Ihr linker Arm hing in einer Schlinge. Es war kein richtiges Dreieckstuch, sondern ein glänzendes blaues Halstuch, das mit Goldfäden durchzogen war. „Ich bin wieder von Saphir geflogen.“

„Hat er gebockt?“

Nicky war erleichtert, dass ihre Verletzung nichts mit dem letzten Abend zu tun hatte. Außerdem sah sie ziemlich glücklich aus – was er gehört hatte, konnte auf keinen Fall ein Schrei gewesen sein. Aber irgendwie fühlte er sich trotzdem schuldig – als wäre er jetzt verantwortlich dafür, wenn Saphir sich danebenbenahm.

„Nein. Es war mein Fehler. Ich habe versucht, im Galopp auf einem Bein zu stehen. Es ist schiefgegangen." Sie wendete den Blick ab und senkte die Augen. Das Lächeln erlosch. „Deswegen bin ich hier. Ich kriege allmählich Panik. Das Training und alles: Mir läuft die Zeit davon. Kannst du heute Abend kommen?"

Nicky schüttelte den Kopf. „Ich habe einen Höllenärger bekommen, als ich gestern heimkam. Und jetzt zwingt mich mein Vater, für den Weihnachtsmann zu arbeiten."

„Wie meinst du das?"

Nicky schaute weg. Er brachte es nicht über sich, ihr zu erzählen, dass er zu spät nach Hause gekommen war, weil er in einem Baum gesessen und sie beobachtet hatte. Jetzt war ihm diese Aktion ausnehmend peinlich. Natürlich hätte er noch immer gern gewusst, was Boxwood vorhatte, doch im Grunde ging es ihn nichts an. Er hatte kein Recht, sich in Ferns Leben einzumischen. „Ach, das ist schwer zu erklären. Aber wir werden heute lange bei der Mühle arbeiten und danach muss ich Holzspielzeug schnitzen, bis es dunkel wird."

„Hör mal", sagte sie, legte die Hand auf seinen Arm und führte ihn vom Wohnwagen weg. „Ich habe einen Plan, aber ich weiß nicht, ob du mitmachst."

„Erzähl."

„Ich darf Saphir nicht mehr reiten. Das bedeutet, dass auch ich jetzt vorsichtig sein muss. Aber ich muss immer daran denken, was du mir neulich erzählt hast. Über das

Reiten im Dunkeln. Weißt du noch, dass du gesagt hast, dass Pferde auch im Dunkeln sehen können?“

„Ja“, sagte Nicky. Aus seiner Stimme klang Misstrauen.

„Warum arbeiten wir nicht heute Nacht? Wir könnten uns um drei Uhr früh treffen. Aber nicht auf der Koppel – das ist zu riskant. Wir könnten in die Kornkreise gehen. Da sieht uns niemand.“

Nicky schüttelte entschlossen den Kopf. „Ich kann nicht. Mein Dad ...“

„Es ist nicht für mich, Nicky. Es ist für Saphir. Mir bleibt nur noch heute Nacht. Morgen muss ich meinem Dad alles vorführen, sonst ist es zu spät. Und ich brauche dich. Du bist der Einzige, der mir helfen kann.“

Ferns Augen schienen Nicky förmlich zu verschlingen. Bilder tauchten in seinem Kopf auf. Bilder von Saphir voller Angst. Bilder von ihm, wie er es gelassen hinnahm, dass sie ihm das Zaumzeug überstreiften. Bilder von Saphir, wie er in der vergangenen Nacht seine Schulter berührt hatte. Und dann tauchten neue Bilder auf. Saphir, wie er zum Pferdemarkt gefahren wurde. Saphir in einem dieser engen Verschläge, zusammengepfercht mit anderen Pferden, die vor Angst bissen und schlugen. Der Schlachter, der Saphirs Nummer in seinem Katalog ankreuzte ...

„Nicky!“ Sein Vater tauchte auf. „Ich habe dir genug hingelegt für zwei weitere. Du hast noch eine halbe Stunde, um das Erste fertig zu machen. Nach dem Abendessen kannst du mit dem Nächsten anfangen. Und vergiss nicht, dass wir bald zur Mühle müssen. Ich habe Tom versprochen, dass wir um zwei da sind.“

Nicky starrte seinen Vater an, als hätte er ihn aus einem Traum geweckt. Er konnte es nicht riskieren, Ferns Bitte zu erfüllen. Er war schon einmal nachts erwischt worden, und wenn das noch einmal passierte, wäre es eine Katastrophe. Er sah Fern ernst an. „Tut mir leid. Es wäre ungefährlicher, wenn ich mich jetzt vor diesen Baum da stellte und du mit Messern nach mir werfen würdest."

Fern schwieg einen Moment lang und zupfte an einem Goldfaden in ihrem Tuch. Dann drückte sie seinen Arm und sprach mit sanfter Stimme. „Schon gut", sagte sie. „Ich verstehe."

Nicky sah ihr nach, als sie fortging. Ihre aufrechte Haltung strahlte Tapferkeit aus.

Dass sie nicht wütend oder ärgerlich reagiert hatte, machte alles nur noch schlimmer. Es war schlimmer, weil sie so verständnisvoll war.

28

„Was ist denn hier los?“ Dad trat hart auf die Bremse. Hinter der Kurve lag ein Verkehrsstau.

Nicky lehnte sich aus dem Fenster des Lasters. Die Autoschlange vor ihnen schien endlos. „Ich seh mal nach.“

„Bleib nicht zu lange weg.“ Sein Dad trommelte mit den Fingern auf dem Lenkrad herum. „Wir müssten jetzt schon bei der Mühle sein.“

Nicky beeilte sich. Die Leute waren verschwitzt und wirkten verärgert. Ein Mann drückte immer wieder auf seine Hupe. Auf einmal sprang ein anderer Mann aus einem weiter vorn stehenden Auto und stürmte wutentbrannt auf ihn zu. Überall liefen schimpfende Autofahrer herum, die ungeduldig auf die Uhr sahen. Irgendwo schrie ein Baby, und eine Frau keifte zwei tobende Kinder an, die sich kreischend einen Abhang hinunterrollen ließen.

Erst als Nicky um die Kurve kam, erkannte er, was los war. Vor George Gibsons Kornfeld standen Unmengen von Autos auf dem Seitenstreifen. Es war sogar ein Bus dabei, dessen Fahrer mit einer Zeitung über dem Kopf im Gras lag und schlief.

Trotz der Hitze rannte Nicky los. Auf dem Feld wimmelte es von Menschen, die sich schubsten und wegdrängten. Die ersten 20 Meter des Feldes waren platt gewalzt.

Dort standen jetzt Verkaufstische und Buden. Dahinter war ein Seil quer über das ganze Feld gespannt worden. Offenbar sollte es die Leute am Weitergehen hindern, doch Nicky sah, dass ein paar kleinere Kinder darunter hindurchgeschlüpft waren und nun schreiend und lachend auf dem Feld herumrannten. Niemand schien sich daran zu stören.

Zuerst sah Nicky Shannon. Sie stand hinter einem Tisch und verkaufte schwarze T-Shirts, die mit grellen Sternen in gelber und grüner Leuchtfarbe bemalt waren.

An dem Verkaufsstand neben ihr wurden klimpernde Mobiles mit gläsernen Vögeln und anderen Tieren angeboten, die in allen Regenbogenfarben aufleuchteten, wenn ein Sonnenstrahl sie traf.

Nicky ging an einem weiteren Tisch vorbei, der mit verschiedenen Edelsteinen und Kristallen beladen war. Beinahe wäre er dabei mit einer der Hippie-Frauen zusammengestoßen, die herumging und mit Goldfäden durchzogene Halstücher aus einem Korb verkaufte.

Nicky gefiel das Ganze überhaupt nicht. Es kam ihm so vor, als hätte man aus den Kornkreisen eine Art schäbigen Zirkus gemacht.

Er machte kehrt und wollte zu seinem Vater zurückgehen, um ihm zu berichten, was los war, als er plötzlich eine kleine, dunkelhaarige Person bemerkte, die etwas aus einem Bauchladen verkaufte. Es war Fern.

Er bahnte sich einen Weg zu ihr. „Was ist denn hier los?“

Sie warf ihm einen kurzen Blick zu. „Hi, Nicky. Willst du einen Schlüsselanhänger? Es ist ein Foto von den Kornkreisen drauf – so, wie sie zu Anfang ausgesehen haben.“

Beim Reden nahm sie Geld von ein paar Jugendlichen entgegen und reichte ihnen die bunten Schlüsselanhänger.

Nicky nahm einen davon in die Hand. Es war ein gutes, scharfes Foto, obwohl es bei Nacht aufgenommen worden war. Doch dann ließ er den Anhänger wieder in Ferns Bauchladen fallen, als hätte er ihm die Finger verbrannt. Aus irgendeinem Grund fühlte er sich verraten. Es störte ihn, dass Fern hier mitmachte und dass es ihr auch noch zu gefallen schien. „Weiß George Gibson eigentlich, was hier los ist?"

„Klar. Mein Dad hat ihm gesagt, was damit zu verdienen ist. Wir machen halbe-halbe mit ihm."

Nicky schüttelte den Kopf. „Ich kann nicht glauben, dass er sich darauf eingelassen hat."

„Warum nicht?" Fern warf sich mit einem Ruck das Haar aus dem Gesicht und ihre Augen verengten sich zu schmalen Schlitzen. „Die Leute sind ohnehin gekommen. Das Getreide ist ja schon kaputt. Und so macht er wenigstens keinen Verlust." Sie wendete sich ab und lächelte zwei alte Damen an, die in ihren Bauchladen spähten. Als Fern zwei Anhänger herausholte, bemerkte Nicky, dass der kleine eintätowierte Stern auf ihrer Schulter vom Tragriemen des Bauchladens verwischt war. Jetzt war nur noch ein kaum wahrnehmbarer silberner Fleck zu sehen. Das konnte keine echte Tätowierung sein. Es war ein Abziehbild, wie man es in jedem Spielzeugladen bekam.

In diesem Augenblick strömte eine Menschenmasse an Nicky vorbei. Er wurde von ihr mitgerissen und landete vor dem Absperrseil. Jetzt erkannte er auch, wohin all die Menschen strömten. Ein mit Sternen und Monden verziertes Transparent war aufgezogen worden. Darauf stand:

FÜHRUNG DURCH DIE KORNKREISE
Jede halbe Stunde
Erwachsene zehn Pfund,
Kinder die Hälfte

Vor dem Transparent war eine kleine Plattform errichtet worden, und auf dieser Plattform stand Boxwood. Er lächelte, und die Menschenmenge drängte sich näher heran – wie Fans, die versuchen, ihrem Lieblings-Popstar nahe zu kommen.

„Wir dürfen auch nicht ihre fast magische Heilwirkung vergessen. Eine alte Freundin von mir war an den Rollstuhl gefesselt. Sie konnte schon seit Jahren nicht mehr gehen und wurde von ständigen Schmerzen gequält. Aber eines Tages erschienen Kornkreise in der Nähe ihres Wohnorts. Ich war zu jener Zeit in dieser Gegend, um über die Kreise zu berichten. Ich nahm sie mit, um sie ihr zu zeigen. Als ich sie im Rollstuhl herumschob, sagte sie, ihre Beine fühlten sich merkwürdig an – beinahe, als würden sie summen. Schon nach einer Stunde waren die Schmerzen, unter denen sie gelitten hatte, verschwunden."

Boxwood lächelte, und sein Blick wanderte über die Zuhörer, die damit Zeit bekamen, das Gehörte zu verarbeiten.

„Sie kann noch immer nicht laufen, aber wer weiß – vielleicht beim nächsten Mal, vielleicht wenn ich sie hierherbringe …"

Nicky bemerkte, wie ein blinder Mann, der in seiner Nähe stand, dichter an die Plattform heranrückte.

„Es gibt natürlich noch viele andere Geschichten. Manche sind wundervoll, andere eher beunruhigend. So wurden zum Beispiel in der Nacht, in der diese Kreise erschienen, merkwürdige Lichter am Himmel beobachtet. Ich habe sogar gehört …"

Er unterbrach sich plötzlich, weil er Nicky entdeckt hatte. Ihre Blicke trafen sich, und Nicky funkelte ihn hasserfüllt an, doch zu seiner Überraschung begann Boxwood zu lächeln.

„Könntest du bitte eine Minute zu mir heraufkommen? Vielleicht kann ich dir helfen."

Nicky warf einen Blick hinter sich, um zu sehen, wen der Widerling meinte. Doch hinter ihm war niemand.

„Nein, Junge, dich meine ich. Du heißt Nicky, nicht wahr? Ich weiß zufällig, dass du ein paar Probleme hast, seit diese Kornkreise aufgetaucht sind. Vielleicht kann dir jemand hier helfen."

Noch bevor Nicky etwas sagen konnte, spürte er eine Hand auf seinem Arm. Der dicke Mann mit den Tätowierungen schob ihn nach vorn. Nicky versuchte, sich loszureißen. „Ich glaube nicht …"

„Komm schon, Junge. Kein Grund, schüchtern zu sein. Erzähl unseren Gästen von deinem Hund. Je mehr Leute darüber Bescheid wissen, desto größer ist die Chance, dass ihn jemand findet."

Er beugte sich nach vorn und legte Nicky eine Hand auf die Schulter. Am liebsten hätte Nicky sie abgeschüttelt, doch er ließ Boxwood weiterreden. Er konnte fast alles ertragen, wenn es dazu führte, dass er Sky wiederbekam.

„Meine sehr verehrten Damen und Herren, dieser Junge hat die Kreise entdeckt, als er seinen Hund spazieren führte. Er war fasziniert – wie wir alle. Er stieg hinunter, um sie sich anzusehen und in ihnen herumzulaufen. Doch Sekunden später war sein Hund auf einmal verschwunden, als hätte irgendeine unsichtbare Macht ihn in Luft aufgelöst."

„Das stimmt so nicht. Sky war nicht mit mir in den Kreisen. Sie ..."

Die Hand des Widerlings krallte sich tiefer in Nickys Schulter.

Immer mehr Leute hörten zu.

„Einige von Ihnen haben sicher schon von dem unerklärlichen Verschwinden von Flugzeugen über dem Bermuda-Dreieck gehört oder die Geschichte von dem Schiff ‚Marie Celeste', dessen gesamte Besatzung spurlos verschwunden ist. Natürlich kommen uns hier in Maybrigde diese Geschichten ziemlich weit hergeholt vor. Aber dieser Junge und sein Hund sind der lebende Beweis dafür, dass auch bei uns etwas Ungewöhnliches passiert ist. Sag, Nicky, hast du eine Erklärung dafür, was an diesem friedlichen warmen Sommermorgen mit deinem Hund passiert ist?"

Nicky spürte, wie ihm die Röte ins Gesicht stieg. Er hasste es, dass all diese Leute ihn anstarrten. Er hasste es, dass der Widerling versuchte, sogar aus Skys Verschwinden Profit zu schlagen. Er versuchte wieder, sich loszureißen, doch sofort gruben sich Boxwoods Fingernägel tiefer in seine Schulter. Jetzt reichte es Nicky.

„Das Einzige, was mit meinem Hund passiert ist“, sagte er laut, „ist, dass dieser Widerling versucht hat …“

Die Menge bewegte sich unruhig. Ein paar Leute lachten. Ein paar andere gingen weiter.

Mehr konnte Nicky nicht sagen. Jemand presste ihm von hinten die Arme an den Körper. Der tätowierte Riese hob ihn hoch und trug ihn davon.

„Der arme Junge ist aufgewühlt! Das ist nur verständlich!“ Boxwood ließ sich nicht aus dem Konzept bringen und plauderte ungerührt weiter. „Ich bin sicher, dass jeder, der schon einmal ein geliebtes Tier verloren hat, seinen Schmerz nachfühlen kann …“

Der tätowierte Riese setzte Nicky hinter der Menschenmenge ab. „Du solltest lernen, wann du den Mund zu halten hast“, zischte er.

Fern stand ganz in der Nähe und hielt ein paar Jungen einen Schlüsselanhänger hin. Nicky kannte einige von ihnen aus der Schule. Sie lachten und alberten mit Fern herum. Fern blinzelte Nicky kurz zu. Die Schlüsselanhänger waren fast alle verkauft.

Nicky blieb noch einen Moment stehen und massierte seine schmerzende Schulter.

Plötzlich machte er kehrt. Er hatte diesen Rummel satt. Und wenn er nicht bald zu seinem Dad zurückging, würde es mit Sicherheit Ärger geben.

„He, Nicky.“ Er hatte die Kurve fast erreicht, als Fern angerannt kam.

„Es tut mir leid.“ Sie ergriff seinen Arm. „Bist du jetzt sauer auf mich?“

Er zuckte die Achseln. „Warum sollte ich?“ Seine Worte klangen gleichgültig.

„Ehrlich, ich finde es auch schrecklich, aber ich konnte mich nicht wehren.“ Auf einmal sah sie ganz hilflos und müde aus. „Mein Dad wollte es so, und ich muss mich mit ihm gut stellen. Wenn er mir und Saphir morgen zusehen soll, kann ich mir heute nicht erlauben, wegen dieser Sache Theater zu machen. Außerdem schadet es niemandem.“

Nicky sah sie prüfend an. Sie stand mit hängendem Kopf vor ihm, das Haar fiel ihr vors Gesicht wie ein Vorhang. Seine Gereiztheit verflog.

„Tut mir leid. Ich wollte meinen Ärger nicht an dir auslassen.“

Sie lächelte traurig. „Ich muss zurück. Ich muss noch zwei Kartons voll Schlüsselanhänger verkaufen. Wünsch mir Glück für heute Abend.“

Er nickte und spürte, wie eine unerklärliche Sehnsucht in ihm aufstieg. „Viel Glück.“

„Danke“, flüsterte sie. Dann verschwand sie.

29

Fern weinte und schluchzte laut, sodass es über das Feld zu hören war. Sie hielt etwas in der Hand, das sie hin und her drehte.

Plötzlich ertönte eine strenge Stimme: „He, Fern!“

Ein Mann tauchte auf, schattenhaft und ohne Gesicht. Langsam ging Fern auf ihn zu. Als sie bei ihm ankam, packte er ihren Arm und schubste sie grob. Fern schien bei seiner Berührung zusammenzuschrumpfen. Als sie vorwärtsstolperte, fiel ihr etwas aus der Hand. Es lag auf dem Boden, halb verborgen durch das hohe Gras. Es war ein Zopf aus geflochtenen Pferdehaaren.

Nicky schreckte aus seinem Traum, atemlos vor Schreck. Er zitterte und hatte das Gefühl, als wäre er von einer Klippe gestürzt.

Im Wohnwagen war es stockdunkel. Er schaltete das Licht ein und stützte sich auf einen Ellbogen, um in die Nacht hinauszuspähen. Doch er sah nur eine Motte, die immer wieder gegen die Scheibe flog. Nicky machte das Licht wieder aus. Er ließ den Kopf aufs Kissen fallen, doch er konnte nicht wieder einschlafen. Er dachte an Fern und daran, was sie wohl gerade machte. Sicherlich trainierte sie gerade mit Saphir. Nicky hoffte, dass alles gut ging.

Sein Bett war die ausgeklappte Sitzbank von Jims Wohnwagen. Von dort konnte er die Uhr am Herd erkennen, ohne aufzustehen. Es war kurz vor zwei Uhr. Die Nacht war noch lang.

Er stand auf, zog Jeans und ein altes Hemd an, ging nach draußen und setzte sich auf die Eingangsstufen. Es war heiß. Eine drückende, schwüle Hitze. Insekten umschwirrten die Außenlampe. Die Neonröhre flackerte.

Nicky war mit seinen Gedanken immer noch bei Fern und Saphir. Im Innern des Wohnwagens murmelte Jim etwas und schnarchte dann weiter. Ein Lastwagen rumpelte draußen vorbei. Irgendwo in der Ferne bellte ein Hund.

Plötzlich stand Nicky auf. Er würde nur für eine halbe Stunde hingehen. Nur um sicherzugehen, dass ihr nichts passiert war. Er würde zu Fuß gehen. Er konnte nicht riskieren, das Rad zu nehmen, denn die Kette quietschte. Leise, sehr leise schlich Nicky vom Lagerplatz und hinaus auf die Straße.

30

Der Vollmond leuchtete silbern. Am Himmel standen mehr Sterne, als Nicky je zuvor gesehen hatte. Er starrte hinab auf die Kornkreise. Dort regte sich nichts.

Doch plötzlich sah er sie, Fern und Saphir, die einen der Trampelpfade entlanggaloppierten. Fern ließ Saphir anhalten. Sie waren klar zu sehen, ein schwarzer Scherenschnitt vor dem unwirklichen Licht des Vollmondes. Dann begann Fern mit ihrem Tanz. Sie konnte nicht wissen, dass Nicky da war, doch selbst wenn sie es gewusst hätte, hätte sie es nicht besser machen können. Es war, als wäre das Feld ihre Bühne, und Nicky saß auf dem besten Platz.

Als Saphir lostrabte, stellte sich Fern auf seinen Rücken, elegant wie ein Schwan und perfekt ausbalanciert. Sie ließ sich wieder in den Reitsitz gleiten, legte den Oberkörper weit zurück, richtete sich wieder auf, und auf ein unsichtbares Zeichen hin galoppierte Saphir an. Sehr langsam, aber gleichzeitig flüssig. Sein gebogener Hals und der wehende Schweif erinnerten Nicky an ein Karussellpferd.

Die beiden verschwanden hinter einer Kurve. Nicky wartete mit angehaltenem Atem auf ihre Rückkehr.

Als sie zurückkamen, galoppierte Saphir schneller, aber kontrolliert. Er hörte Fern immer noch zu.

Nicky ließ sie keine Sekunde aus den Augen. Fliegende

Galoppwechsel. Traversalen. Galopp auf der Stelle. Sie hielten sehr plötzlich wieder an. Saphir stand versteinert wie eine Marmorstatue im Mondlicht.

Nicky sah Fern abspringen und federleicht neben Saphir aufkommen. Und dann stellte sich Saphir auf die Hinterbeine und sprang mit angewinkelten Beinen ab. Nicky konnte es nicht glauben. Er riss triumphierend die Faust hoch und stieß einen Freudenschrei aus. Einen Moment lang – einen fantastischen, magischen Moment lang – war Saphir geflogen.

Nach der Landung sprang Fern wieder auf seinen Rücken und galoppierte davon, doch diesmal kam sie nicht zurück.

31

Am liebsten hätte Nicky die Arme geschwenkt und wäre unter lautem Freudengeschrei umhergesprungen. Er wollte Fern sagen, wie großartig sie gewesen war und dass ihr Dad Saphir jetzt niemals verkaufen würde.

Doch nach einigen Minuten legte sich seine Begeisterung. Wo war sie? Warum kam sie nicht zurück?

Er stolperte den Abhang hinunter, um zu der Stelle zu gelangen, an der er sie zuletzt gesehen hatte. Seine Begeisterung war nackter Angst gewichen.

Als er das Feld erreichte, fuhr ihm plötzlich eine leichte Brise über die Arme. Sie strich an ihm vorbei, und die Ähren schwankten in ihr. Es war, als hätte jemand ein Geheimnis geflüstert, und das Getreide gab es nun weiter.

Nicky bewegte sich langsam und hielt sich am Rand des Feldes. Irgendwo in seiner Nähe raschelte ein kleines Tier durchs Feld. Eine Eule segelte lautlos vorbei. Das Schwanken der Halme hörte auf.

Wirre Gedanken schossen Nicky durch den Kopf. Er versuchte, sie zu verdrängen, doch erfolglos.

Professor Sparkes und seine herumwirbelnden Luftmassen. Boxwood und die Frau im Rollstuhl mit den summenden Beinen. Fern, oben auf dem Hügel, die ihm zuflüsterte, dass die Kreise auf etwas warteten.

Nicky schlang sich die Arme um die Brust, denn ihm war auf einmal kalt.

Alles blieb ruhig. Das einzige Geräusch war das Knirschen seiner Turnschuhe. Trotzdem hatte er das seltsame Gefühl, dass ihn jemand beobachtete.

„Schön, dass du kommen konntest."

Nicky fuhr erschrocken herum, und ein kleiner Aufschrei entfuhr ihm.

Es war Boxwood, der plötzlich auf der anderen Seite des Zauns aufgetaucht war.

„Ich … ich suche nach Fern."

„Sie ist weg. Sie hat getan, was sie zu tun hatte."

Nicky runzelte die Stirn, und Boxwood zeigte hinter sich. Fern galoppierte mit Saphir den Hügel hinauf. Sie sah im Mondlicht aus wie eine Geistererscheinung.

Nicky richtete seinen Blick wieder auf Boxwood.

„Was … habe ich hier zu suchen?" Boxwood lachte kurz auf. „Das wirst du gleich merken."

Nicky konnte den unförmigen Umriss der Kamera erkennen, die Boxwood um den Hals hängen hatte.

„Haben Sie Fotos von Fern gemacht? Sind Sie deswegen hier?"

„Von Fern?"

Boxwood zündete sich eine Zigarette an, und Nicky beobachtete die rötlich glühende Spitze, die sich durch die Luft bewegte wie ein winziger Stern.

„Wen interessieren schon Bilder von einem verrückten Kind auf einem hässlichen alten Klepper?"

„Was dann?"

„Die Kornkreise sind erledigt. Sie haben ihre Aufgabe erfüllt. Ich bin hier, um den Leuten ein neues Gesprächsthema zu liefern. Sie zumindest eine Weile von der Glotze wegzulocken. Hast du etwas dagegen?"

Nicky trat unbehaglich von einem Bein aufs andere und überlegte krampfhaft, wo er etwas in dieser Art schon einmal gehört hatte.

„Nein."

„Wenn du damit einverstanden bist, bist du es sicher auch mit allem anderen. Neue Fotos für mich. Geld von der Versicherung für George Gibson. Neue Aufregungen für die guten Menschen von Maybridge."

„Ich weiß nicht, wovon Sie reden."

„Das wirst du schon noch merken. Und dann wirst du die Beine in die Hand nehmen." Er ließ den Zigarettenstummel fallen, und seine Stimme veränderte sich. „Aber wie schnell du auch rennst, entkommen wirst du nicht. Denn morgen Früh, wenn die Polizei den Hügel nach Spuren absucht, wird sie die Abdrücke deiner Turnschuhe finden. Du hast versucht, mich vor einem Haufen Leuten lächerlich zu machen. In Zukunft wirst du es dir zweimal überlegen, mir in die Quere zu kommen."

Mit diesen Worten machte er kehrt und verschwand in der Dunkelheit.

32

Nicky war schon halb den Hügel hinaufgeklettert, als es passierte. Es war ein Geräusch, ein Krachen, das die Stille zerriss.

Nicky drehte sich um.

Ein merkwürdiges Licht schwebte hoch über dem Tor zum Kornfeld. Nicky starrte es fasziniert an. So etwas hatte er noch nie gesehen. Es schien langsam zu sinken, glitt abwärts. Dann tauchte genau unter dem Licht ein gelbes Leuchten auf. Anfangs war es nur schwach. Eigentlich nur ein Hauch. Doch dann explodierte es. Ein goldener Sturm fegte über das Feld, riesige Flammen schossen hoch, rasten durch das Getreide und verschlangen es wie ein gefräßiges Monster. Das Kornfeld brannte.

Nicky rannte nicht weg. Er konnte nicht. Er konnte seinen Blick nicht abwenden, denn gegen den nachtschwarzen Himmel war das Feuer wunderschön. Wild. Atemberaubend. Es brannte unregelmäßig, denn der Wind trieb die Flammen mal in die eine Richtung und mal in die andere. Ihre Farben änderten sich ständig; oben erstrahlten sie in Gelb- und Goldtönen, doch weiter unten waren sie von einem dunklen Orange.

Außerdem machte das Feuer viel Lärm. Es krachte und knisterte. Rote Funken sprangen aus den Flammen. Und über dem wilden Feuer trieben lautlos Rauchwolken dahin, die vor dem schwarzen Himmel aussahen wie staubgraue Tänzer.

Inzwischen spürte Nicky die Hitze. Heiße Asche regnete auf ihn herab. Aus dem Feld flüchteten kleine Tiere. Ratten, Feldmäuse und Wühlmäuse.

Nicky sah sich hektisch um. Die Funken fielen überall zu Boden. Neben ihm glühte ein Busch. Auf der anderen Seite brannte bereits das lange Gras rund um einen Baum. Gelbe Flammenzungen griffen gierig nach den Baumwurzeln.

Jetzt rannte Nicky nicht den Hügel hinauf, sondern quer über den Hügel in Richtung Straße. Er musste zur Telefonzelle und die Feuerwehr verständigen. Noch wenige Minuten und der ganze Hügel würde brennen. Das Feuer würde sich weiter und weiter ausbreiten und nichts übrig lassen. Nicky erreichte den Zaun. Der Rauch hüllte ihn ein, bis er schließlich hustend und keuchend auf die Straße stolperte.

Und dort sah er ihn.

33

Boxwood stand auf dem Dach seines Autos. Er sah merkwürdig aus – wie ein dünnes, schwarzes Insekt, das auf einem Felsen einen Tanz aufführte. Und direkt vor ihm, auf der anderen Seite des Zauns, loderten noch immer die Flammen.

Nicky zögerte und versuchte zu erkennen, was Boxwood dort machte. Erst beugte er sich nach vorn, dann richtete er sich wieder auf, um sich kurz darauf halb abzuwenden. Das war seltsam. Und unheimlich. Nicky schluckte schwer, spürte den Geschmack von Asche im Mund und schlich näher heran.

Und dann hörte er es. Das Klicken einer Kamera. Das Surren beim Weiterspulen eines Films. Dieser Widerling machte Fotos!

Nicky spürte, wie die Wut in ihm hochstieg. All das, all diese Verwüstung, diese Gefahr nur für ein paar alberne Fotos.

Er hechtete auf den Wagen, und seine Füße rutschten über die Motorhaube, als er sich auf das Dach warf.

Der Widerling hatte ihn nicht kommen sehen. Nicky warf sich gegen seine Beine, und Boxwood stürzte auf die Straße. Ohne nachzudenken, sprang Nicky ihm nach.

Nicky war stark, doch der Widerling war stärker. Er

schlug mit beiden Fäusten auf Nicky ein. Nicky drehte sich verzweifelt und versuchte, seine Arme festzuhalten. Doch er erwischte nur den Pferdeschwanz und riss Boxwoods Kopf zurück. Boxwood fluchte, öffnete eine Faust und rammte Nicky die ausgestreckten Finger in die Seite. Das tat ziemlich weh. Nicky hörte ein kurzes, abgehacktes Keuchen und bemerkte, dass es aus seinem eigenen Mund gekommen war.

Er versuchte noch einmal, Boxwoods Hände zu packen, doch Boxwood hatte den besseren Griff und warf Nicky auf den Rücken. Er spürte, wie sich der grobe Straßenbelag in seine Haut bohrte. Außerdem presste sich ihm etwas Hartes in die Rippen, das dann aber nachgab und zur Seite wegrutschte.

Boxwood stemmte Nicky ein Knie auf die Brust, packte seinen linken Arm und begann, ihn zu verdrehen. Plötzlich waren Sirenen zu hören – anfangs noch weit entfernt, doch schnell lauter werdend.

„Die verdammte Feuerwehr. Du hast schon wieder alles kaputt gemacht.“ Boxwood zischte Nicky die Worte geradezu ins Ohr. Sein Atem stank nach Zigaretten. Es stank.

Das Sirenengeheul wurde lauter.

Boxwood krallte eine Hand in Nickys Hemd und zerrte ihn in eine sitzende Position. „Es wird dir noch leidtun, dass du nicht weggerannt bist, solange du konntest!“

Dann stieß er Nicky so heftig von sich, dass sein Kopf gegen den Torpfosten knallte. Er spürte zunächst keinen Schmerz, doch vor seinen Augen wirbelten Millionen von Sternen.

Die Sirenen waren jetzt ganz nah. Sie rasten heran. Blaues Flackerlicht drang durch die Bäume.

Plötzlich war Nicky frei. Boxwood sprang auf, rannte zu seinem Wagen und fuhr davon.

Nicky kämpfte sich auf die Beine, stolperte über die Straße, genau als das erste Löschfahrzeug um die Kurve gerast kam.

34

Das Löschfahrzeug bremste scharf vor dem Feld ab. Nicky betrachtete es teilnahmslos. Er lehnte zusammengesunken an einem Baum. In seinem Kopf tobte jetzt ein höllischer Schmerz, der sich über seine Wange bis in die Schulter erstreckte. Auch der Arm tat ihm weh. Er fühlte sich an wie zerquetscht.

Es lag ein Geruch in der Luft, ein verbrannter, rauchiger Geruch wie von gebratenem Speck. Nicky dachte an Frühstück. Und an seine Mutter. Und an die Tatsache, dass er eigentlich gar nicht hier sein durfte. Auf einmal wurde ihm übel.

Ein Windstoß blies Asche auf die Straße. Nicky sah, wie sie herumwirbelte. Er sah Leute, die sich durch das Feld bewegten. Sie sahen irgendwie unscharf aus und bewegten sich langsam. Und es schien, als würden sie von grellweißen Streifen verfolgt. Nicky kniff die Augen zu, sah noch einmal hin und wendete dann den Blick ab. Vielleicht waren es Außerirdische.

Das Feuer war jetzt weiter weg, und sein Schein erhellte den Horizont.

Und auf einmal war das Feld grell erleuchtet wie eine Bühne vor Beginn der Vorstellung.

Die Gestalten marschierten im Schein des Flutlichts weiter – Feuerwehrmänner mit weißen Leuchtstreifen auf ihren Uniformen. Jetzt herrschte Leben auf dem Feld. Leute brüllten knappe Kommandos und rannten wild durcheinander. Dünne Schläuche, die aussahen wie Aale, wurden aus dem Löschfahrzeug gezogen und spuckten silberne Wasserfontänen über die Bühne.

Nicky betrachtete das Wasser, das wie reines Silber funkelte. Es reflektierte das Blaulicht des Feuerwehrwagens. Erst silbern, dann blau …

Die Feuerwehrmänner rückten langsam vor.

Und in all dem Durcheinander brach die Morgendämmerung herein. Der dunkle Vorhang der Nacht wurde zurückgezogen, und die Sonne tauchte den Horizont in Rosa und Gold.

Ein Polizeiwagen hielt mit quietschenden Reifen. Dann ein weiteres Auto. Mehr Lichter. Mehr Stimmen. Das Knistern von Funkgeräten.

Jemand kam und sprach mit Nicky. Er verstand kein Wort. Er schloss die Augen. Seine Augäpfel fühlten sich trocken und rau an, als wären sie mit Sand bedeckt. Der Schmerz hämmerte in seinem Kopf. Sein Arm tat weh, sobald er versuchte, ihn zu bewegen. Er wollte mit niemandem reden.

„Ich fragte … was hast du hier zu suchen?“

Nicky schlug die Augen wieder auf und sah, dass das Gesicht von George Gibson vor ihm schwebte.

Nicky schüttelte den Kopf. „Ich … ich wollte gerade nach Hause gehen“, sagte er langsam und sah den Farmer zum ersten Mal direkt an. Er versuchte, sich aufzurichten.

Versuchte, normal zu wirken. George Gibson sollte nicht wissen, wie er sich fühlte. Er wollte nicht, dass man ihn in einen Krankenwagen steckte und mit ihm ins Krankenhaus raste. Nicky hasste Gebäude. Er konnte es nicht ertragen, an einem Ort zu sein, von dem es kein Entkommen gab. Bevor er das riskierte, würde er sich lieber irgendwo in den Büschen verkriechen wie ein verletztes Tier.

„Nach Hause gehen?“ Inspektor Whymark von der örtlichen Polizeiwache tauchte wie aus dem Nichts auf. „Das glaube ich kaum. Ich glaube, wir sollten erst einmal auf dem Revier miteinander plaudern.“

35

„Aber ich habe gar nichts getan." Nicky starrte das Löschfahrzeug an. Das Blaulicht war abgestellt, und die Schläuche wurden eingerollt. Vögel flogen aus den Bäumen auf. Sie schnatterten und zwitscherten aufgeregt durcheinander wie Menschen, die die neuesten Nachrichten austauschen.

Inspektor Whymark hob eine Augenbraue. „Bisher beschuldigt dich auch niemand. Wir möchten uns nur mit dir unterhalten."

Nicky sah die Feuerwehrmänner zu ihrem Wagen zurückgehen. In der Nähe des Tors stand eine Polizistin, die alle Autos weiterwinkte, deren Fahrer langsamer wurden oder anhalten wollten. George Gibson starrte schweigend auf die Überreste seines Feldes. Sein Hund Poppy drängte sich an seine Beine.

„Was wollen Sie wissen?" Nicky verspürte noch immer Übelkeit, doch inzwischen wurde sie von einem anderen Gefühl überlagert. Panik. Was, wenn Inspektor Whymark darauf bestand, ihn zur Polizeiwache mitzunehmen? Nicky war schon einmal dort gewesen, und bei dem Gedanken, womöglich wieder in eine dieser winzigen Zellen gesperrt zu werden, schnürte sich ihm die Kehle zu. Er versuchte diesen Gedanken zu verdrängen, indem er krampfhaft an etwas anderes dachte. Saphir und Fern kamen ihm in den

Sinn, und er versuchte, sich auf sie zu konzentrieren. Er fragte sich, ob mit den beiden alles in Ordnung war.

Inspektor Whymark hatte ihn die ganze Zeit nicht aus den Augen gelassen.

„Als Erstes möchte ich wissen, was du hier zu suchen hattest."

Nicky schüttelte den Kopf. Er wusste nicht, was er sagen sollte. Er war zur falschen Zeit am falschen Ort erwischt worden, doch er konnte sich nicht vorstellen, dass die Polizei ihm glaubte, wenn seine Aussage gegen die Boxwoods stand. Außerdem hatte es keinen Sinn, es überhaupt zu erklären. Die Polizei wusste ja nicht einmal, dass Boxwood überhaupt da gewesen war.

„Ich konnte nicht schlafen, weil es so heiß war."

Inspektor Whymark wedelte sich eine Ascheflocke von der Stirn. Es sah aus, als wollte er ein Insekt verscheuchen.

„So wie ich das sehe, war es dir nicht heiß genug."

Nicky rupfte einen breiten Grashalm aus und schlitzte ihn mit einem Fingernagel der Länge nach auf. Er wollte Fern nicht in diese Geschichte hineinziehen, aber zumindest würde sie seine Aussage bestätigen. Sie konnte den Polizisten sagen, dass sie auch hier gewesen war und warum. Ihm war natürlich klar, dass die Hippies nicht begeistert sein würden, wenn er ihnen die Polizei auf den Hals hetzte, doch was blieb ihm anderes übrig? Schließlich konnte der Inspektor ihm nichts mehr anhaben, wenn Fern erst einmal gesagt hatte, wie es gewesen war. Schließlich hatten sie beide nichts Verbotenes getan.

„Ich war hier mit jemandem verabredet …"

„Sprich weiter."

Nicky hielt den Kopf gesenkt und flocht den zerrupften Grashalm zu einem unordentlichen Zopf. Hinter ihm schrie eine Elster. Plötzlich zerriss Nicky den Graszopf, zerknüllte das Gras zu einem Ball und schleuderte ihn in die Büsche. Er konnte es doch nicht tun. Er konnte Fern keine Schwierigkeiten machen. Selbst wenn die Polizei ihr glaubte, würde ihr Vater davon erfahren. Und es würde Fern bei ihrem Kampf um Saphir sicher nicht helfen, wenn ihr Vater herausbekam, dass sie mitten in der Nacht mit ihm herumgaloppierte. Er sah Inspektor Whymark an.

„Ich war mit jemandem verabredet, aber sie ist nicht gekommen."

Der Inspektor musterte Nicky einen Moment lang und sagte dann: „Ich muss dich bitten, mich aufs Revier zu begleiten. Bitte setz dich schon einmal ins Auto."

„Sie müssen mir glauben. Ich habe das Feld nicht angezündet. Sie haben kein Recht, mich mitzunehmen. Sie haben überhaupt keine Beweise."

„Dann mach mal deine Taschen leer."

Nicky vergrub die Hände in den Taschen seiner Jeans. Er zog einen Cola-Eis-Stiel hervor. Das war alles.

Inspektor Whymark deutete mit einer Kopfbewegung auf Nickys Hemdtasche.

„Die Tasche hast du noch nicht geleert."

„Da stecke ich nie etwas hinein."

„Dann werde ich wohl den Arzt bitten müssen, dass er zu uns aufs Revier kommt und dich untersucht. Du hast da eine ziemlich merkwürdige Beule auf der Brust."

Nicky hob die Hand zur Brusttasche und erstarrte. Der Inspektor hatte Recht. Es war etwas in dieser Tasche. Etwas Eckiges und Hartes. Er schob die Finger in die Tasche und holte es heraus. Es war eine Schachtel Streichhölzer.

Auf der anderen Straßenseite stieg gerade der letzte Feuerwehrmann ein und schlug die Wagentür zu.

Nicky kniff die Augen zu. Gedanken schossen ihm durch den Kopf. Boxwood hatte ihn hereingelegt – wahrscheinlich während ihres Kampfes. Wann war das bloß passiert? Er erinnerte sich nur noch an Bruchstücke von Geräuschen und Gerüchen und daran, dass sie miteinander gerungen hatten. Er schlug die Augen wieder auf und sah Inspektor Whymark offen an.

„Die gehören mir nicht."

„Ach, dann sind sie wohl gestohlen?"

Nicky presste die Knöchel seiner linken Hand so hart zusammen, dass die Gelenke knackten. Der Schmerz in seinem Arm flammte wieder auf, doch das war ihm egal. „Sie wissen schon, was ich meine. Jemand hat sie mir in die Tasche gesteckt."

„Natürlich. Wahrscheinlich war es ein kleines grünes Männchen, das gerade in seinem Raumschiff vorbeikam. Kannst du mir zufällig seine Beschreibung geben?"

„Sie könnten die Streichholzschachtel nach Fingerabdrücken untersuchen."

„Da du sie gerade angefasst hast, dürfte es dafür jetzt zu spät sein."

„Aber ich habe ..."

„Wegen des Verdachts der Brandstiftung bist du vorläufig festgenommen. Wir werden deine Eltern informieren. Einer von ihnen muss bei deinem Verhör dabei sein."

Auf der anderen Seite sprang der Motor des Löschfahrzeugs an.

Nicky konnte an nichts anderes mehr denken als an die Zelle auf dem Polizeirevier. Die vier Wände. Das Fenster aus Glasbausteinen, das wenig Licht einließ. Der Uringestank überall. Er sah sich selbst, eingesperrt in einer stinkenden Zelle, mit dem Kopf in den Händen auf einer Bank hocken. Er sah ein kaltes, niemals blinzelndes Auge, das ihn durch das winzige Guckloch in der Zellentür beobachtete. Er sah das Gesicht seines Vaters, der zu Hause im Wohnwagen ans Telefon ging.

Und er fühlte Inspektor Whymarks Hand an seinem Ellbogen, als er zum Polizeiwagen geführt wurde.

36

Nicky starrte auf den Boden zwischen den Sitzen. Unter dem Vordersitz lag eine zusammengeknüllte leere Chipstüte. Es war ein komischer Gedanke, dass auch Polizisten Chips aßen.

Er ließ sich gegen die Lehne des Rücksitzes sinken. Sein Arm tat jetzt noch mehr weh als vorher, und auch in seinem Kopf hämmerte der Schmerz. Einerseits wäre er am liebsten weggerannt, doch andererseits fühlte er sich zu zerschlagen, um es auch nur zu versuchen.

Inspektor Whymark ging um den Wagen herum und öffnete die Fahrertür.

Plötzlich hörte Nicky jemanden laut rufen. Jemand kam schnaufend angerannt.

„Warten Sie einen Moment. Haben Sie den Jungen verhaftet?“

Inspektor Whymark drehte sich um.

Auch Nicky schaute hinaus und brauchte einen Augenblick, um das Gesicht einzuordnen – eine glänzende Glatze und hervorquellende blaue Augen. Professor Sparkes.

„Wir nehmen ihn zur Befragung mit. Sind Sie ein Verwandter?“

„Nein. Ich bin Zeuge. Ich habe gesehen, was passiert ist. Der Junge war es nicht.“

Inspektor Whymark warf durch das Wagenfenster einen Blick auf Nicky und sah dann wieder den Professor an. „Und wenn Sie beobachtet haben, was passiert ist, warum haben Sie dann den Tatort verlassen?"

Nicky lehnte sich nach vorn und versuchte, alles zu hören, was draußen gesprochen wurde.

„Das habe ich nicht. Zumindest nicht absichtlich. Aber ich war oben auf dem Hügel, mit meinem Hund. Ich wollte ihn nicht in Gefahr bringen, und außerdem hat er sich sehr aufgeregt. Also habe ich ihn zu meinem Wagen zurückgebracht, der auf der anderen Seite des Feldes stand. Ich war es, der die Feuerwehr gerufen hat."

Inspektor Whymark sah immer noch nicht überzeugt aus. „Sie haben ziemlich lange gebraucht, um hierherzukommen."

„Ich fürchte, die Orientierung auf der Erde ist nicht meine starke Seite. Aber in unserem Sonnensystem kenne ich mich dafür bestens aus ..." Der Professor stieß einen Laut aus, der wie ein ersticktes Bellen klang – der Seehund mit Schluckauf.

„Äh, ja", unterbrach der Inspektor ihn hastig. „Sind Sie bereit, eine Aussage zu machen?"

„Natürlich." Der Professor sprach so schnell, dass man meinen konnte, seine Stimme wäre auf schnellen Vorlauf gestellt worden. Nicky sah, wie er dem Inspektor eine kleine Karte reichte. „Damit Sie wissen, wer ich bin."

Inspektor Whymark las die Karte und sah dann den Professor wieder an. „Dann sind Sie der Fachmann, der die Kornkreise untersucht?"

„Genau. Und zur fraglichen Zeit wollte ich gerade die elektromagnetischen Geräusche auf dem Hügel prüfen. Es ist eine meiner Theorien, dass ..."

„Ah ... ja." Inspektor Whymark räusperte sich so, als ob elektromagnetische Geräusche sein Lieblingsthema wären. „Aber haben Sie denn auch ... äh ... menschliche Wesen gesehen?"

„Aber ja. Und zwar zwei." Der Professor deutete mit einem heftigen Kopfnicken auf Nicky. „Ich habe diesen Jungen gesehen, der am Rand des Feldes stand und offensichtlich Streit mit einem Mann hatte ..."

Nicky öffnete die Beifahrertür des Polizeiwagens und stieg aus.

Inspektor Whymark sah ihn kurz an, und wandte sich wieder dem Professor zu.

„... und dann habe ich gesehen, wie der Mann zum anderen Ende des Feldes ging und mit voller Absicht ein brennendes Streichholz in das Getreide geworfen hat."

Nicky sah, wie die Augen des Inspektors vor Interesse aufleuchteten.

„Können Sie diesen Mann beschreiben?"

Professor Sparkes nickte.

„Natürlich. Aber ich kann noch mehr tun. Ich kann Ihnen seinen Namen nennen. Er heißt Alec Boxwood."

Nicky spürte, wie die Erleichterung ihn durchströmte.

Und genau in diesem Augenblick schoss ein weißer Kleinlaster um die Ecke und kam schlitternd auf dem Grasstreifen zum Stehen. Es war sein Vater.

37

„George Gibson hat mich angerufen.“ Sein Vater kochte vor Wut. Er ignorierte Inspektor Whymark und Professor Sparkes und funkelte Nicky wütend an. „Was zum Teufel hast du diesmal angestellt?“

„Ich …“ Nicky zögerte und fragte sich plötzlich, ob die Gefängniszelle nicht das kleinere Übel gewesen wäre.

„Beruhigen Sie sich, Mr Ghiselli“, sagte Inspektor Whymark. „Wie es aussieht, steckt Nicky nicht in Schwierigkeiten.“

„So? Das glauben Sie!“ Dad bedachte den Inspektor mit einem finsteren Blick und sah dann wieder Nicky an.

„Es war Boxwood“, sagte Nicky. „Er hat das Feld angezündet.“

„Und was hattest du hier zu suchen? Bist du vielleicht schlafgewandelt?“ Dad packte Nicky grob am Ellbogen.

„Ich weiß nicht, was Ihr Sohn hier gemacht hat, aber ich kann Ihnen versichern, dass er nicht hier war, um Alec Boxwood zu helfen.“ Professor Sparkes machte einen Schritt nach vorn, sodass er zwischen Nicky und seinem Dad stand.

„Und wer sind Sie?“, knurrte Nickys Vater.

Der Professor reichte ihm eine seiner Visitenkarten.

Nickys Vater nahm sie, und Nicky hielt den Atem an, als sein Dad so tat, als würde er sie lesen. „Dann kennen Sie also diesen Wi… diesen Boxwood?“ Seine Stimme klang immer noch aufgeregt, doch nicht mehr so wütend wie zu Anfang. Er gab dem Professor die Karte zurück.

Nicky atmete erleichtert aus. Jetzt war sein Vater viel zu verlegen, um noch einmal auszuflippen. Er fürchtete sich zu sehr davor, dass man ihm noch etwas zum Lesen geben könnte.

„Ja. Leider.“ Der Professor sah gleichzeitig verwirrt und verletzt aus. „Und ich fühle mich wie ein kompletter Idiot.“

„Warum das?“ Dad ließ Nickys Arm los und sah den Professor prüfend an.

„Der Kerl hat mich richtiggehend eingewickelt.“ Professor Sparkes fuhr sich mit der Hand über die Glatze. „Er war immer so zuvorkommend. So hilfsbereit. Er hat mich sofort aufgesucht, nachdem die Kornkreise aufgetaucht waren. Er hat behauptet, er hätte einige meiner Arbeiten gelesen – ich schreibe Bücher über Kornkreise – und er hat gesagt, ich könnte einen wertvollen Beitrag leisten. Er ist sogar ein paarmal in meinem Hubschrauber mitgeflogen. Erst gestern hat er mir eine Hündin verkauft. Sie ist jetzt im Auto.“

Nicky, der bisher nur mit einem Ohr zugehört hatte, war jetzt hellwach.

„Ist es ein kleiner grauer Hund? Ein Jagdhund?“

Er dachte an Bliss und daran, wie der Widerling Fern damit gedroht hatte, die Hündin an einen „Dummkopf“ zu verkaufen, der stundenlang in Büschen herumsaß.

„Nein. Es ist sogar ein recht großer Hund, der aber sehr sanft zu sein scheint. Ich schätze, Alec muss zumindest einen guten Kern haben, denn er hat mir gesagt, dass er die Hündin vor einer Familie gerettet hat, bei der sie nur gequält wurde. Er wollte auch nur 50 Pfund für sie haben. Er sagte, es wäre ihm nur wichtig, zu wissen, dass sie jetzt endlich in gute Hände käme." Der Professor deutete mit einer Kopfbewegung auf sein Auto, das in einiger Entfernung parkte. „Sie ist im Auto. Ein prachtvolles Tier, ein Schäferhund …"

Dad bot Professor Sparkes 50 Pfund an. Doch der sagte, er würde sie auf keinen Fall annehmen.

Stattdessen zog er einen von Ferns Schlüsselanhängern aus der Tasche und drückte auf einen Knopf, der die Fahrertür entriegelte.

Sky stürzte sich auf Nicky. Nicky stürzte sich auf Sky. Nichts anderes spielte mehr eine Rolle. Er hatte Sky wieder. Endlich hatte sich etwas zum Guten gewendet.

39

Nicky arbeitete am Gesicht seines Holzpferdes und schnitzte die Feinheiten in Maul und Nüstern. Die Augen wollte er erst am Schluss machen. Das Pferd war zwar immer noch eher ein Karrengaul als ein Turnierpferd, aber zumindest sah es nicht mehr aus wie ein Dinosaurier.

Nicky hatte furchtbar ausgesehen, als er nach Hause gekommen war, vollkommen grau und staubig und mit Asche im Haar. Im Gesicht hatte er einen Kratzer, der sich über die ganze Wange erstreckte. Aber das Schlimmste war sein Arm. Sein Handgelenk war rot und geschwollen, und wenn er versuchte, es zu bewegen, fuhr ihm der Schmerz wie ein Messer bis in die Schulter. Seine Mutter war sehr besorgt gewesen und hatte ihm aus einem alten Geschirrtuch eine Schlinge gemacht, die tatsächlich ein bisschen half, solange er nicht mit dem Arm irgendwo anstieß. Er schnitzte mit einer Hand, was zwar mühsam war, ihn aber zumindest beschäftigte. Er wollte lieber nicht zu viel Zeit zum Nachdenken haben.

Bei der Arbeit musste er oft blinzeln, denn seine Augen brannten vom Rauch der vergangenen Nacht. Er konnte das Feuer noch immer riechen, obwohl er geduscht hatte. Doch irgendwie war der Geruch in Nase und Rachen.

Sky lag neben ihm im Schatten, und jedes Mal, wenn er

zu ihr hinübersah, klopfte sie träge mit ihrem buschigen Schwanz auf den Boden. Sie sah gut aus. Anscheinend war sie gut versorgt worden. Aber das war nicht weiter verwunderlich – schließlich musste Boxwood daran gelegen gewesen sein, dass sie gesund und munter blieb.

Er zeichnete die Umrisse der Augen mit Bleistift an, wählte aus den im Gras liegenden Werkzeugen ein Schnitzmesser aus und begann, die Augen herauszuarbeiten.

Plötzlich spitzte Sky die Ohren, sprang auf und wedelte mit dem Schwanz. Ein anderer Hund kam auf sie zu – zwei Schritte hinter seinem Herrn. Es war Poppy.

Nicky richtete sich auf. „Morgen."

George Gibson nickte kurz. „Freut mich, dass du deinen Hund wiederhast."

„Sie war nie hinter Ihren Fasanen her."

„Ich weiß. Deswegen bin ich gekommen. Um mich zu entschuldigen."

„Wissen Sie inzwischen, wer es war?" Nicky kniete sich wieder neben das Holzpferd und setzte das Messer am Augenwinkel an. Dann fluchte er leise. Jetzt hatte das Auge die falsche Form.

„Ich vermute es. Ich habe in den letzten paar Stunden alle möglichen Dinge herausgefunden. Ich habe sogar erfahren, dass ein Kerl mit einem Pferdeschwanz Fasane an die Fleischereien der umliegenden Orte verkauft hat. Mit gewilderten Fasanen kann man wirklich eine Menge Geld machen."

Nicky rollte sich einen dicken Holzklotz heran und lehnte sich dagegen, um so seinem schmerzenden Arm etwas Erleichterung zu verschaffen. Sein Handgelenk pochte wie verrückt, und das Auge des Holzpferdes sah aus wie ein Schweineohr. „Und was noch?"

„Die Polizei war heute Morgen da und hat das Feld und die Hügel abgesucht."

„Und?" Nicky hockte sich vor das Pferd und legte den Bleistift quer über die hölzerne Stirn. Ein Auge lag viel höher als das andere.

„Oben am Reitweg ist ein Loch im Zaun – an der Stelle hat sich jemand einen Weg in den Wald gebahnt. Außerdem waren dort Sachen unter einem Haufen Laub versteckt."

Nicky klemmte sich den Bleistift zwischen die Zähne. Wenn er das Lid etwas anhob, waren die Augen wenigstens auf einer Höhe, und es würde vielleicht nicht mehr auffallen, dass ein Auge größer war als das andere.

„Bei ihrer Suche hat die Polizei etwas sehr Interessantes gefunden ..." George Gibson rieb sich das Kinn. „... einen Metallstab und eine Kette."

„Was ist daran interessant?" Nicky schnitzte feine Späne vom oberen Rand des Auges ab, den Bleistift immer noch zwischen den Zähnen.

„Die Polizei geht davon aus, dass das die beste Methode ist, um Kornkreise zu machen. Man steckt einen Pfosten in die Mitte des Feldes, befestigt eine Kette oder ein Seil daran und läuft dann damit im Kreis herum. Man braucht dafür mehrere Leute, aber das war für Alec sicher kein Problem.

Er scheint eine Menge Komplizen gehabt zu haben."

„Aber mir hat jemand erzählt, dass Lichter am Himmel zu sehen waren. Wie hat er das gemacht?"

Nicky konnte sich vorstellen, dass Boxwood alles andere getan hatte: seinen Hund gestohlen, Fasane gewildert und Feuer gelegt. Doch in seinem Inneren bedauerte er, dass die Kornkreise nichts Geheimnisvolles mehr hatten.

„Die Spurensicherung hat Überreste von Leuchtraketen am Tor gefunden, wie sie auch von Leuten in Seenot verwendet werden. Wahrscheinlich wollte er, dass es aussah, als wären außerirdische Mächte am Werk, aber er hat das Licht auch für seine Fotos gebraucht. Diese Raketen wirken im Dunkeln wie ein riesiges Blitzlicht."

„Kann die Polizei irgendetwas davon beweisen?"

„Ich habe Alecs Kamera gefunden – unten am Tor. Inspektor Whymark sagt, dass es keinen besseren Beweis geben könnte. Der Film ist unbeschädigt. Allerdings scheint die Kamera heruntergefallen zu sein, denn die Linse ist zerbrochen. Es sieht aus, als wäre Boxwood von jemandem angegriffen worden. Von jemandem, der mit dem, was er getan hat, nicht einverstanden war." George Gibson rieb sich nachdenklich das Kinn und deutete dann mit einer Kopfbewegung auf Nickys Arm. „Sieht aus, als hättest auch du dich mit jemandem angelegt."

Nicky wechselte das Thema. „Jetzt ist er mit den Außerirdischen abgereist, stimmt's?"

„Wie meinst du das?"

„Ich wette, dass er verschwunden ist. Als hätte ihn jemand in Luft aufgelöst."

„Das stimmt. Es gibt keine Spur von ihm. Er hatte Kontakt zu diesen Hippies, aber von denen scheint keiner zu wissen, wo er steckt. Oder sie wollen es nicht sagen. Und da er ständig herumzieht, wird die Polizei ihn vielleicht nie fassen."

Nicky beugte sich nach vorn, um einen weiteren Span vom Auge des Pferdes abzuschnitzen, doch seine Hand rutschte ab, und das Messer riss eine tiefe Wunde in die Wange des Pferdes.

„Verflucht!"

Wieder rieb sich George Gibson das Kinn. „Mir scheint, ich störe dich bei der Arbeit. Ich wollte ohnehin mit deinem Vater sprechen. Ist er da?"

„Drinnen." Nicky ruckte mit dem Kopf in Richtung Wohnwagen. Er blieb noch einen Moment lang stehen und sah zu, wie George Gibson fortging, gefolgt von Poppy, die wie üblich zwei Schritte Abstand hielt.

Dann sah Nicky wieder sein Holzpferd an. Es war ein trauriger Anblick. Niemand würde es so als Weihnachtsgeschenk kaufen – es sei denn, jemand wollte einen ungewöhnlichen Haufen Brennholz verschenken.

Er sprang auf, und dabei stieß sein schlimmer Arm gegen die Seite des Pferdes. Der Schmerz schoss hoch bis in die Schulter.

Das Pferd wackelte und stürzte schließlich um. Es landete auf der Seite, und seine Beine ragten blöd in die Luft. Nicky holte tief Luft, schmetterte das Messer auf das Holzpferd und ging fort.

40

Sein Dad fand Nicky neben den alten Garagen am Rand des Lagerplatzes, wo er mit dem Bleistift in der Erde herumstocherte.

„Wir müssen zu George Gibson. Er will, dass wir seine Fasanengehege reparieren. Kommst du mit?“

Nicky begann, den Bleistift seitwärts im Gras herumzurollen, sodass nach und nach ein Kreis entstand. Er wollte dort nicht hin. Er konnte den Gedanken nicht ertragen, auch nur in die Nähe dieses Feldes zu gehen.

„Ich habe keine Lust. Mir geht es nicht gut.“

Er wartete darauf, dass sein Vater anfing zu stöhnen. Dass er ihm sagte, dass es seine eigene Schuld war, wenn er sich die halbe Nacht herumtrieb. Doch stattdessen sagte er: „Du siehst vollkommen erledigt aus. Warum legst du dich nicht eine Weile hin?“

Nicky rollte den Bleistift in die andere Richtung und schüttelte den Kopf. Abends ins Bett gehen zu müssen, war für ihn schon schlimm genug. Aber es war vollkommen undenkbar, tagsüber zu schlafen.

„Dann mach doch einen Spaziergang“, schlug sein Dad vor. „Irgendwohin, wo es still ist und du in Ruhe über alles nachdenken kannst.“

Nicky schaute verblüfft auf, doch sein Vater hatte bereits kehrtgemacht und ging auf Jim und Mr Gibson zu. Nicky hatte erwartet, dass sein Vater ihm befehlen würde, so viele Holzpferde zu schnitzen, dass es für ein ganzes Gestüt reichte. Es konnte nur an der Hitze liegen, dass sein Dad auf einmal so milde gestimmt war.

Doch Nicky dachte nicht lange darüber nach.

Er pfiff Sky zu sich heran. Er wusste genau, wohin er gehen und wen er besuchen würde. Minuten später waren er und Sky unterwegs.

Als sie das Tor von Ferns Koppel erreichten, rannte Sky voraus. Nicky war es recht, dass sie sich austobte, doch er ließ sie nicht aus den Augen. Sie wirkte aufgeregt, als wäre sie froh, endlich wieder rennen zu können. Nicky fragte sich, wo der Widerling sie wohl eingesperrt hatte.

Er schlenderte über die Koppel. Seine Gedanken drehten sich im Kreis. Er überlegte die ganze Zeit, was er zu Fern sagen sollte. Was er ihr sagen musste.

Bestimmt hatte sie schon von Boxwood und dem Feuer gehört. Solche Neuigkeiten verbreiteten sich schnell. Aber die Wahrheit über die Kornkreise oder über Sky kannte sie sicher nicht. Diesmal würde er jedoch nicht aufgeben. Er musste einen Weg finden, es ihr zu sagen. Er musste ihr unbedingt klarmachen, was für ein Widerling Boxwood war.

Außerdem musste er wissen, wie es mit Saphir gelaufen war. Wenn Fern ihrem Dad auch nur die Hälfte von dem gezeigt hatte, was er in der vergangenen Nacht gesehen hatte, konnte es eigentlich nur gut ausgegangen sein.

Er war schon fast wieder an der Straße, als ihm auffiel, dass die Koppel leer war. Saphir war nicht da. Und auf der anderen Seite der Hecke waren weder die Fahrzeuge der Hippies noch der Rauch ihres Kochfeuers zu sehen.

Fern war fort. Sie waren alle fort.

Nicky blieb so abrupt stehen, als hätte sich vor ihm ein Abgrund aufgetan. Die Hippies zogen umher. Sie kamen und gingen mitten in der Nacht. Nicky wusste das, doch aus irgendeinem Grund hatte er nie gedacht, dass es auch für Fern gelten konnte. Er konnte nicht glauben, dass sie gegangen war, ohne sich wenigstens zu verabschieden.

Und er wusste nicht, was ihn mehr schmerzte: der Gedanke, dass er sie vielleicht nie wieder sehen würde, oder die Tatsache, dass er nie erfahren würde, was aus Saphir geworden war.

41

„Sie hat es mir gesagt. Sie hat gesagt, dass du kommen würdest."

Nicky drehte sich erschrocken um. „Woher wissen Sie, wer ich bin?"

Shannon trat lautlos zwischen den Bäumen hervor. „Ich habe dich hier beobachtet – viele Male. Das haben wir alle. Nur weil du uns nie bemerkt hast, heißt das nicht, dass auch wir dich nicht gesehen haben. Ich achte immer darauf, mit wem Fern zusammen ist. Mir liegt nämlich sehr viel an ihr."

Nicky schnippte ein Insekt von seiner Armschlinge. Der Gedanke, dass die Hippies ihn die ganze Zeit beobachtet hatten, war ihm unangenehm.

„Und wo ist sie jetzt?"

„Nach Hause gefahren."

Shannon ging an ihm vorbei. Sie trug ein mit Perlen besetztes knöchellanges Seidenkleid und darüber eine blumenbestickte Weste aus dem gleichen Material. Ihre dünnen braunen Arme umklammerten einen Müllsack voll Gras.

Nicky ging neben ihr her.

„Was bedeutet das, nach Hause?"

„Zu ihrer Mutter. Sie verbringt jeden Sommer zwei Wochen bei uns."

„Aber sie sieht ihre Mutter doch nie. Sie hat sie verlassen, als Fern noch klein war."

Shannon seufzte, packte den Müllbeutel fester und strich sich dünne Strähnen ihres blonden Haars aus dem Gesicht.

„Fern ist gut im Geschichtenerzählen. Sie träumt oft davon, wie sie ihr Leben gern hätte, statt zu akzeptieren, wie es nun einmal ist. Aber in gewisser Hinsicht hat sie sogar Recht. Man könnte sagen, dass ihre Mutter sie verlassen hat, als sie noch ein Kleinkind war. Allerdings nicht so, wie sie es dir wahrscheinlich erzählt hat."

Als Nicky Shannon durchs Tor folgte, fiel ihm auf, dass der Pferdetransporter noch da war und am Straßenrand parkte. Buffy und Bliss waren daran festgebunden. Sky sprang auf sie zu, als wären es alte Freunde. Nicky pfiff die Hündin zurück und sah Shannon an.

„Das verstehe ich nicht."

Shannon ging auf den Transporter zu.

„Früher war Ferns Vater Künstler und ihre Mutter war Tänzerin. Sie gehörte zu keiner Balletttruppe, aber sie ist viel aufgetreten. Sie hat ihre eigenen Tänze erfunden – wunderschöne und ausgefallene Tänze. Sie hat sich damit einen Namen gemacht. Sie war diejenige, die das Geld verdient hat. Die Familie ist durch das ganze Land gezogen."

Er nickte. „Das hat Fern mir erzählt. Zumindest teilweise."

„Damals habe ich sie kennengelernt. Wir wurden gute Freunde. Ich bin Ferns Patentante. Das ist auch der Grund, warum ihr Vater sie jedes Jahr in den Ferien zu uns bringt. Er bleibt dann immer in der Nähe, wohnt aber nie bei uns."

Shannon seufzte wieder, und ihre Stimme klang auf einmal viel weicher. Sie stellte die Mülltüte neben dem Pferdetransporter ab.

„Es ist ganz nützlich, ihn in der Nähe zu haben. Er ebnet uns den Weg. Überredet die Landbesitzer, uns bleiben zu lassen, obwohl sie uns viel lieber fortjagen würden."

„Ich bin ihm nie begegnet."

Shannon wirkte überrascht. „Er war oft hier. Eigentlich hättest du ihn sehen müssen."

Nicky dachte an den tätowierten Riesen. Er musste es sein. Jemand anders kam nicht infrage. Er sah zwar nicht so aus, wie er sich Ferns Vater vorgestellt hatte, aber schließlich entsprach vieles nicht dem Bild, das er sich gemacht hatte.

Shannons Stimme, die jetzt sehr sanft, fast träumerisch klang, riss ihn aus seinen Gedanken.

„Nicht jeder kommt mit Ferns Vater klar. Entweder man hasst ihn oder man liebt ihn. Aber ich denke, dass die drei früher sehr glücklich miteinander waren. Zumindest bis zu dem Unfall."

„Wessen Unfall?" Nicky sah zu, wie Shannon anfing, in einer um den Bauch geschnallten Tasche herumzukramen.

„Isabels Unfall. Ferns Mutter." Shannon zog einen Schlüsselbund aus der Tasche und drehte ihn zwischen den Fingern. Nicky bemerkte, dass auch an diesem Bund einer von Ferns Kornkreis-Anhängern hing.

„Was ist passiert?" Er war hin und her gerissen; einerseits ärgerte er sich über Fern, doch andererseits war er auch neugierig.

„Sie hat sich bei einem Auftritt das Rückgrat gebrochen. Seitdem sitzt sie im Rollstuhl.“ Shannon wandte sich plötzlich ab und ging auf die hintere Rampe des Transportwagens zu.

„Und wie machen sie das jetzt? Es muss schwierig sein, in einem Wohnwagen zu leben, wenn man im Rollstuhl sitzt.“ Ohne nachzudenken, hob Nicky den Müllsack voll Gras hoch und zuckte zusammen, als der Schmerz in seinem Arm wieder aufflackerte.

Shannon sah Nicky einen Augenblick an und steckte dann einen Schlüssel ins Schloss. „Sie leben nicht in einem Wohnwagen. Wie sollten sie auch? Isabel ist behindert. Fern und ihre Mutter leben allein. Ihr Vater hat sie verlassen. Die beiden könnten unmöglich in einem Wohnwagen umherziehen.“

„Aber Fern hat gesagt …“

„Ich bin sicher, dass Fern dir alles Mögliche erzählt hat. Aber wie ich schon sagte, träumt sie gern. Und sie betet

ihren Vater an. Wenn sie könnte, würde sie die ganze Zeit bei ihm sein. Aber er reist zu viel umher. Er ist zu beschäftigt.“

Nicky runzelte die Stirn. Er verstand das alles nicht. In seiner Familie war es üblich, dass man zusammenhielt, wie schwer die Zeiten auch sein mochten.

„Möchte er sie denn nicht bei sich haben?“

Shannon schüttelte den Kopf. „Er ist ein ruheloser Mensch. Und sehr verschlossen. Manchmal ist er sogar ein richtiger Geheimniskrämer …“ Sie seufzte, und für einen kurzen Moment glaubte Nicky einen Anflug von Bedauern in ihrem

Gesicht zu sehen. „Ich glaube, es gibt niemanden, den er längere Zeit in seiner Nähe ertragen könnte."

„Dann zieht er auch nicht mit Ihnen herum?"

Shannon lachte.

„Unser Leben würde ihn in den Wahnsinn treiben. Es ist zu gemütlich und zu lässig. Ferns Vater legt Wert auf anständige Kleidung. Feine Gesellschaft. Ich glaube ..." Sie zögerte, als wäre ihr dieser Gedanke erst jetzt gekommen. „Ich glaube, er gehört zur neuesten Generation von Fahrenden. Ich meine, er hat dieselbe Reiselust wie wir, aber er will dabei nicht auf Komfort verzichten. Meistens übernachtet er in kleinen Hotels oder Pensionen. Außerdem hat er seine Arbeit. Es könnte seinem Ruf schaden, wenn er zu oft mit Leuten wie uns zusammen ist."

„Fern hat gesagt, dass er Künstler ist."

Shannon sah ihn an. „Er ist kein normaler Künstler. Er macht alles Mögliche. Manchmal verkauft er seine Arbeiten an große Firmen. Und an große Zeitungen, wenn er das richtige Material bekommt. Die großen Bosse würden ihre Zeit nicht mit jemandem verschwenden, der einen Ring in der Nase trägt und in zerfetzten Jeans herumläuft."

Nicky runzelte die Stirn. Er verstand immer noch nicht, welche Rolle Fern in all dem spielte. „Wo lebt Fern denn nun?"

Shannon lächelte ihm traurig zu. „Fern lebt in einer winzigen Wohnung in der Horsham Street, im schäbigen Teil von Blackburn Heath."

Unwillkürlich krallten sich Nickys Finger so tief in den Müllsack, dass das dünne Plastik aufriss und eine Hand voll Gras herausrieselte. Es fiel ihm schwer, das alles zu begreifen. In seinem Kopf wirbelten die Erinnerungen durcheinander. Dinge, die sie getan hatte. Dinge, die sie gesagt hatte. Und noch während er versuchte, sich an Fern zu erinnern, schien das Bild, das er von ihr hatte, mehr und mehr zu verblassen. Er wusste nicht einmal mehr, wie sie eigentlich aussah.

„Aber was ist mit …"

Er verstummte, als Shannon die breite Laderampe des Transporters entriegelte.

Die Rampe sank langsam herunter. Mit gespitzten Ohren stand Saphir im Transporter und sah Nicky an, als hätte er nur auf ihn gewartet.

42

Nicky sah Shannon freudestrahlend an. Auf einmal war alles andere vergessen.

„Er ist noch da! Sie haben ihn behalten!“

Shannons Augen, die bisher ruhig und gelassen geblickt hatten, waren auf einmal voller Mitleid.

„Nicht mehr lange. Ich fahre gleich mit ihm zum Pferdemarkt. Deswegen bin ich noch hier. Saphir wird heute Nachmittag verkauft.“

„Aber was ist mit Ferns Vater? Wo ist er? Hat Fern ihm nicht gezeigt, was sie auf diesem Pferd alles kann?“

Shannon lächelte traurig. „Das würde nichts ändern. Er kauft ihr jeden Sommer ein Pferd – immer das billigste vom Pferdemarkt. Und wenn ihre Ferien vorbei sind, wird es wieder verkauft. Er findet das sinnvoller, als für Reitstunden auf Schulpferden zu bezahlen, und außerdem ist sie dann beschäftigt und kommt nicht auf dumme Gedanken.“

Nicky stieg die Rampe hoch, von Traurigkeit überwältigt. Er versuchte sich vorzustellen, wie es sein musste, sich jedes Jahr zwei Wochen lang in ein Pferd zu verlieben, obwohl man genau wusste, wie es enden würde. Es musste ihr jedes Mal das Herz zerreißen, genauso wie es ihm jetzt das Herz zerriss. Er machte einen letzten verzweifelten Versuch, Shannon umzustimmen.

„Dieses Pferd ist etwas Besonderes. Es hat unwahrscheinliches Talent. Aber auf dem Pferdemarkt wird es in der Masse untergehen. Niemand wird dann erfahren, was es kann."

„Aber Alec will es so. Und wenn er eine Entscheidung getroffen hat, hält sich jeder daran."

„Alec? Meinen Sie etwa Boxwood?" Fast spuckte Nicky den Namen. „Was hat der Widerling damit zu tun? Und was geht es ihn an, was mit Ferns Pferd passiert?"

Shannon leerte den Müllsack voll Gras vor Saphirs Nase aus. Er schnupperte daran und hob dann den Kopf, um ihn auf Nickys Schulter zu legen.

Shannon beobachtete die beiden und faltete den leeren Müllsack sorgsam zusammen. Plötzlich sah sie Nicky ins Gesicht.

„Tut mir leid. Ich wusste nicht, dass sie es dir nicht erzählt hat. Alec ist Ferns Vater."

43

Nicky musste sich an Saphir anlehnen, denn er schwankte, als hätte ihn ein starker Windstoß getroffen. Seine Kehle war wie zugeschnürt. Sein Magen rumorte. Er schlug sich die heile Hand vors Gesicht und ließ sie dann hilflos wieder fallen. Er schüttelte den Kopf. Er schloss die Augen. Als er schließlich wieder etwas sagen konnte, zitterte seine Stimme. „George Gibson hat mir gesagt, dass es Boxwood war, der diese Kornkreise gemacht hat."

„Alec lebt nicht nach denselben Regeln wie andere Leute. Es gefällt ihm, die Leute aufzurütteln. Und für ihn ist das Land eine Art große Leinwand, auf der er lebendige Kunstwerke schafft. Für ihn waren die Kreise Kunst – so etwas wie ein riesiges Graffiti-Bild."

„Wusste Fern, dass er sie gemacht hat?"

Shannon antwortete nicht.

Nicky drehte ihr den Rücken zu.

„Professor Sparkes hat gesagt, dass Boxwood ihm Sky verkauft hat. Ich nehme an, dass er sie schon am ersten Tag gestohlen hat – an dem Morgen, an dem ich mir die Kreise angesehen habe. Er war wohl gerade in den Büschen, um sein Zeug zu verstecken, als wir vorbeikamen." Er griff in Saphirs Mähne, denn ihm war gerade ein neuer Gedanke gekommen. „Ich wette, dass er sie gestohlen hat, weil er wusste, dass ich zu den Kreisen hinuntergehen würde. Er wusste genau, dass ich eine Zeit lang abgelenkt sein würde."

„Ich weiß es nicht, Nicky. Alec hat sie mitgebracht. Er hat uns erzählt, sie wäre ein Streuner. Wir haben sie in den Pferdetransporter eingesperrt, bis wir ein gutes Zuhause für sie gefunden hatten."

„Wusste Fern, dass es mein Hund war?"

Wieder antwortete Shannon nicht.

Nicky kniff die Augen fest zu. In seinem Magen rumorte es jetzt so stark wie bei der schlimmsten Achterbahnfahrt, die man sich vorstellen konnte. „Und das Feuer letzte Nacht – das war kein spontaner Einfall. Boxwood hatte das alles genau geplant."

„Wie ich schon sagte, Nicky, er ist Künstler. Er macht die Dinge um ihrer Wirkung willen. Und er verdient damit nicht schlecht. Er lebt hauptsächlich von den Fotos. Von dem Geld schickt er Isabel und Fern einen Teil."

„Der Widerling wollte mir die Brandstiftung anhängen. Er hat alles versucht, damit man mir die Schuld dafür geben würde." Nicky sprach eigentlich nur noch zu sich selbst, und ihm fiel immer mehr ein. „Und Fern ... er hat gewusst, dass Fern da war. Er hat sie einer furchtbaren Gefahr ausgesetzt. Was wäre passiert, wenn sie unerwartet zurückgekommen wäre ...?" Er sah Shannon verständnislos an. „Was für ein Vater ist das?"

„Fern wäre nicht zurückgekommen."

„Aber sie hätte es tun können ..."

Nicky verstummte. Warum wäre Fern nicht zurückgekommen? Was versuchte Shannon, ihm zu sagen?

Shannon berührte sanft seinen Arm.

„Fern betet ihren Vater an. Aber sie fürchtet ihn auch ein wenig. Und das ist eine machtvolle Kombination."

Nicky hatte das Gefühl, als müsste sein Herz jeden Moment zerspringen. Jetzt endlich sah er Shannon ins Gesicht und durchbohrte sie förmlich mit seinem Blick. „Hat Fern gewusst, was er vorhatte?"

Einen Moment lang hielt Shannon seinem Blick stand, doch dann senkte sie den Kopf.

„Sie ist kein schlechtes Mädchen, Nicky. Und sie hat viel durchgemacht. Kannst du nicht versuchen, sie ein wenig zu verstehen?"

Diesmal war es Nicky, der nicht antwortete.

44

„Ich seh mal eben nach dem Motor“, sagte Shannon schließlich. „Ich muss gleich los.“

Sie ging die Rampe hinab, und dann hörte Nicky, wie die Motorhaube entriegelt wurde.

Er hatte nur Augen für Saphir und strich über die lange dunkle Mähne. Fern hatte hart daran gearbeitet. Sie war jetzt weich und seidig. Als er sie anhob, um mit den Fingern durch die Haare zu fahren, bemerkte er, dass sie ihm einen neuen Zopf geflochten hatte, der mit glänzenden blauen Perlen verziert war. Das musste ewig gedauert haben. Es war wundervoll gemacht – nur am Ende nicht. Die letzte Perle war lose und die Mähnenhaare waren unordentlich, als hätte Fern in aller Eile versucht, den Zopf zu Ende zu flechten.

Nicky wusste immer noch nicht, was er denken sollte. Er wünschte sich verzweifelt, dass Fern da wäre. Dann hätte er sie fragen können. Die Wahrheit erfahren. Hatte sie von dem Feuer gewusst? Hatte der Widerling ihr befohlen, ihn zum Feld zu locken? Doch dann wurde ihm klar, dass das alles keine Rolle mehr spielte. Wenn er sie fragte, würde sie weinen, das wusste er. Wenn sie es getan hatte, würde sie es nie zugeben. Und wenn nicht, würde es ihr das Herz brechen, dass er es glaubte. Vielleicht gab es einige

Geheimnisse, die besser nie gelüftet wurden. Bei diesem Gedanken fühlte Nicky sich plötzlich so verlassen wie noch nie in seinem ganzen Leben. Es kam ihm vor, als wäre die Welt ganz schrecklich.

Nicky schloss die Augen und sehnte sich nach einem dunklen Ort, an dem er sich verkriechen konnte.

Er ließ Saphirs Mähne los, sodass der Zopf wieder unter den Haaren verschwand. „Warum haust du nicht ab?" Seine Stimme klang grob, fast wütend. „Los doch. Stell dich auf die Hinterbeine. Renn mich um. Da draußen ist eine Straße und dahinter sind nur noch Felder, über die du galoppieren kannst. Ich würde dich nicht aufhalten, und Shannon wird bestimmt nicht hinter dir herjagen. Und vielleicht findet dich dann jemand …"

Er verstummte. Saphir betrachtete ihn mit gespitzten Ohren und Vertrauen im Blick.

Nicky kickte wütend in den Grashaufen und vergrub dann sein Gesicht in Saphirs Mähne. „Noch vor einer Woche hätte ich dich dazu bringen können", flüsterte er. „Aber ich habe zu gute Arbeit geleistet, stimmt's? Jetzt glaubst du, dass ich dein Freund bin."

Von draußen hörte er ein metallisches Geräusch. Shannon warf die Motorhaube zu.

Es war, als hätte jemand den Abzug eines Gewehrs gespannt. Dann fuhr plötzlich ein Auto vor, und Hunde begannen, hysterisch zu kläffen. Es waren Stimmen zu hören und noch mehr Gebell. Maddy Proctor erschien am unteren Ende der Rampe.

45

„Ich wollte nur nachsehen, ob alles in Ordnung ist. Ich habe gehört, dass sie weitergezogen sind."

Nicky sah Maddy Proctor an und zuckte die Achseln. Er ignorierte Shannon, die hinter ihr stand. „Sie haben keine Tiere zurückgelassen, falls es das ist, was Sie meinen."

„Das ist doch einmal eine nette Abwechslung. Übrigens habe ich im Zeitungsladen erfahren, dass du deinen Hund wiederhast." Sie beugte sich vor und ließ sich von Sky das Gesicht ablecken. Ihre eigenen Hunde – zwei Terrier, die Nicky noch nicht kannte – schnupperten im Pferdetransporter herum. Draußen kläfften Buffy und Bliss wie von Sinnen. Maddy Proctor ging auf Saphir zu, strich mit der Hand über seinen Körper und streichelte ihm die Nase. „Ein schönes Tier. Gute Zucht – soweit man das bei seinem erbärmlichen Zustand beurteilen kann."

„Dafür können wir nichts." Shannon stemmte beide Hände in die Hüften und funkelte Maddy Proctor gereizt an. „Er war schon so dünn, als er zu uns kam. Wir haben ihn erst seit zwei Wochen."

Maddy Proctor sah sie nicht einmal an. Sie ging um Saphir herum und sprach mit sich selbst. „Das ist kein gewöhnliches Pferd. Dieser Hals … diese Kopfhaltung …" Jetzt sah sie Shannon doch an. „Woher haben Sie ihn?"

„Ein Bekannter hat ihn mitgebracht. Er hat ihn vom Pferdemarkt."

„Und da kommt er jetzt wieder hin", mischte Nicky sich ein. „Jetzt gleich."

„Ist das etwa deine Idee?", fauchte Maddy Proctor ihn empört an.

„Nein. Ich würde es verhindern, wenn ich könnte. Es ist für jedes Pferd schlimm, dort zu enden, aber dieses hier ist wirklich..." Nicky zögerte. „Er ist etwas Besonderes."

Maddy Proctor ging immer noch um Saphir herum und machte dabei ein merkwürdiges Gesicht. „Du hast Recht." Jetzt klang ihre Stimme ganz anders. Beinahe aufgeregt. „Er ist kein gewöhnliches Pferd. Sieh dir das an."

Nicky ging auf die andere Seite des Pferdes und stellte sich neben sie.

„Das Brandzeichen auf der Ganasche. Es ist ein ‚L'. Und dieses Brandzeichen auf der Hinterhand – die Krone –, weißt du, was sie bedeutet?"

Nicky musste wieder an Ferns abfällige Bemerkung über die Prinzessin denken.

„Hat er früher einmal in den königlichen Stallungen gestanden?"

„Nein. Viel besser. Diese Brandzeichen beweisen, dass das Pferd ein Lipizzaner ist – und zwar aus der Spanischen Hofreitschule in Wien. Als junge Frau habe ich dort als Pferdepflegerin gearbeitet."

Jetzt betrat auch Shannon die Box und betrachtete fasziniert das Brandzeichen. „Ich habe schon von Lipizzanern gehört. Ich habe vor vielen Jahren auch einmal einen Film über sie gesehen. Ich weiß noch, dass sie beeindruckend waren. Es sah fast aus wie Ballett."

„Genau das ist es. Ein Pferdeballett. Man begann im 17. und 18. Jahrhundert in den Königshäusern damit, und zwar mit Pferden aus einem Gestüt im Ort Lipizza. Das liegt im ehemaligen Jugoslawien. Und die Menschen sind noch heute begeistert von der Leistung der Lipizzaner."

Shannon kam noch näher. „Aber sind Lipizzaner nicht immer weiß? Damals im Video war das so."

„Das ist nicht ganz richtig", erwiderte Maddy. „Ganz früher gab es unter den Lipizzanern viele verschiedene Farben. Erst später dominierte das Weiß. Aber noch heute ist in der Hofreitschule immer ein dunkler Hengst zu sehen, aus traditionellen Gründen."

Shannon schaute Saphir an. „Aber wie kann ein derart edles und wertvolles Pferd so enden. Er war in einem furchtbaren Zustand, als er zu uns kam. Die Kinder haben inzwischen ein bisschen mit ihm gearbeitet und ihn gepflegt."

Maddy Proctor seufzte. „Gelegentlich wird eines dieser Pferde verkauft. Nicht jedes ausgewählte Pferd schafft die Ausbildung. Vielleicht hat er etwas Schlimmes erlebt und das Vertrauen in seinen Reiter verloren. Die Ausbildung ist schwierig und dauert lange, und ein Pferd, das scheu oder widerspenstig ist, ist für öffentliche Auftritte natürlich untragbar." Sie rieb Saphirs Nase, und er pustete gegen ihre Schulter. „Er kommt mir allerdings ziemlich ruhig vor."

Shannon warf Nicky einen kurzen Blick zu. „Wie gesagt, die Kinder haben mit ihm gearbeitet."

Maddy Proctor strich über Saphirs Mähne und entdeckte dabei den perlengeschmückten Zopf. „Sie haben gute Arbeit geleistet. Es braucht viel Liebe, um ein verdorbenes Pferd zu korrigieren."

„Er kann diese ganzen Tanzfiguren immer noch", stieß Nicky auf einmal hervor. „Ich habe Fern auf ihm gesehen. Es war wie Zauberei. Sie hat ihn dazu gebracht, die unglaublichsten Dinge zu machen."

„Was denn zum Beispiel?"

Nicky versuchte, sich an alles zu erinnern, was er gesehen hatte. „Da ist die Art, wie er trabt. Es sieht fast aus wie Tänzeln. Und manchmal überkreuzt er seine Beine und tanzt seitwärts."

Maddy Proctor nickte. „Das ist ein Teil der Grundausbildung. Versammelter Trab und Galopp, Traversalen und Pirouetten. Was hast du sonst noch gesehen?"

„Er stellt sich oft auf die Hinterbeine."

„Das ist schon Teil der Hohen Schule. Es sieht zwar leicht aus, aber um es richtig zu machen, muss das Pferd perfekt ausbalanciert sein."

„Und letzte Nacht …" Nicky zögerte und sah erst Shannon an und dann wieder Maddy Proctor. Er wollte ihnen von dem unglaublichen Sprung erzählen, den Saphir gemacht hatte, bevor Fern mit ihm verschwunden war. Doch jetzt, wo Saphir im Transporter stand und in seinem Grashaufen herumwühlte wie ein ganz normales Pferd, kam es ihm so unwirklich vor.

„Sie dürfen jetzt nicht lachen. Ich weiß, dass es sich blöd anhört. Aber letzte Nacht habe ich ihn fliegen sehen."

Maddy Proctor lachte nicht. Sie lächelte nicht einmal.

Stattdessen füllten sich ihre Augen mit Tränen und sie drückte ihre Hände an die Brust.

„Die Kapriole“, sagte sie und sah Nicky an, als nähme sie ihn zum ersten Mal richtig wahr. „Eine der erstaunlichsten Bewegungen, zu der Pferde fähig sind. Sie springen mit allen vieren in die Luft. Es ist wunderschön anzusehen. Wenn man einmal ein Pferd in der Kapriole gesehen hat, weiß man, dass die Welt ein wundervoller Ort ist.“

Einen Moment lang herrschte Schweigen, und alle drei betrachteten Saphir.

Er hob den Kopf, spitzte neugierig die Ohren und widmete sich dann wieder seinem Gras.

„Was soll's“, seufzte Shannon und warf einen Blick auf ihre Uhr. „Ich sollte jetzt losfahren. Ich muss ihn auf dem Markt anmelden und alles.“ Ihre Stimme klang, als wäre sie selbst den Tränen nahe.

Draußen begann es zu regnen. Die ersten kleinen Tropfen prasselten auf das Dach des Transporters. Bei dem Geräusch musste Nicky an kleine Tiere denken, die fortrannten. Plötzlich brannten seine Augen. Er schlang die Arme um Saphirs Hals, drückte ihn noch ein letztes Mal ganz fest, pfiff nach Sky und kletterte dann schnell aus dem Transporter. Er sah sich nicht mehr um.

Er hatte die Koppel schon halb überquert, als er hörte, wie die Fahrertür zugeschlagen wurde. Dann sprang der Motor an, und Shannon fuhr los.

46

Zuerst dachte Nicky, dass seine Ohren ihm einen Streich spielten. Das Geräusch donnernder Hufe war wie ein schlimmer Traum. Ein grausamer Scherz. Erst als Sky stehen blieb und bellte, drehte er sich um.

Saphir kam im vollen Galopp auf ihn zu, und im strömenden Regen sah er aus wie ein Geist.

Hinter Saphir rannte Maddy Proctor, deren Terrier aufgeregt im Kreis um sie herumsausten.

„Nicky! Warte!“

Nicky wischte sich hastig mit dem Handrücken über die Augen und schniefte. Maddy war vollkommen außer Atem, als sie bei ihm ankam.

„Ich hatte schon Angst, dich nicht mehr zu erwischen.“

„Was ist los?“

Nicky hielt Saphirs Kopf fest und streichelte seine Nase. Ein Teil von ihm war überglücklich, noch ein paar Minuten mit ihm erhascht zu haben, doch ein anderer Teil fürchtete sich davor, ihn erneut zu verlieren.

„Ich brauche deine Hilfe. Glaubst du, dass du ihn trotz deines schlimmen Arms reiten kannst?“

„Ja.“ Wenn Fern, auf einem Bein stehend, auf Saphir reiten konnte, würde er bestimmt nicht Nein sagen, nur weil sein Arm wehtat. Er starrte Maddy Proctor an und fragte sich, was sie wohl vorhatte. Wahrscheinlich wollte sie, dass er Saphir auf dem Markt vorritt und zeigte, was er konnte. Sicher war Shannon gar nicht weggefahren, sondern wartete irgendwo auf sie. Nicky versuchte, sich nicht allzu viele Hoffnungen zu machen. Es konnte trotz allem gut sein, dass es nichts brachte und dass der Schlachter der Einzige war, der ein Gebot abgab.

Maddy Proctor schnaufte immer noch.

„Ich möchte, dass du ihn für mich zurückreitest."

„Zurück zum Transporter?"

„Nein. Zu mir nach Hause. Ich habe ihn gekauft. Ich habe ihr mehr gegeben, als sie auf dem Pferdemarkt für ihn bekommen hätte." Plötzlich strahlte Maddy Proctor. Es war, als ginge die Sonne auf, und in ihrem buschigen Haar glitzerten die Regentropfen wie silberne Perlen. „Er hat jetzt ein Zuhause."

Einen verrückten Moment lang hätte Nicky sie am liebsten umarmt. Er wäre am liebsten in die Luft gesprungen oder hätte Kapriolen über die ganze Wiese gemacht. Aber er tat nichts anderes, als still zu stehen und über das ganze Gesicht zu strahlen. Schließlich sollte Maddy Proctor nicht denken, dass bei ihm eine Schraube locker war.

47

Saphir war traumhaft zu reiten. Willig und eifrig. Nicky ließ ihn den Feldweg entlangtraben, der von Ferns Koppel wegführte. Der Weg war voller Pfützen, ebenso der Reitweg auf dem Hügel.

Es regnete jetzt noch heftiger, und über den Reitweg kam er am schnellsten zu Maddy Proctors Haus.

Nicky ließ Sky nicht aus den Augen, doch sie lief ruhig vor ihnen her. Sie hielt nicht einmal an dem Loch in den Büschen an, hinter dem die Polizei den Pfahl und die Kette gefunden hatte.

Kurz vor der Hügelkuppe ließ Nicky Saphir im Schritt gehen. Auf der anderen Seite würde der Boden rutschig sein, und außerdem wusste er nicht, welche Schäden das Feuer angerichtet hatte. Er wusste nicht, was ihn erwartete.

Es war gut, dass er so vorsichtig war, denn als er um die Kurve bog, kam ihm jemand entgegen. Es war Brenda die auf Midnight saß.

Nicky und Brenda sahen sich einen Moment lang nur an. Dann lächelte Brenda zaghaft und sagte: „Du siehst aus wie ein begossener Pudel."

„Dann redest du also noch mit mir?"

Brenda nickte. Auch sie war vollkommen durchweicht. Ihr Haar war nass, und die Kleider klebten am Körper.

„Wir sind doch Freunde, oder? Und Freunde dürfen Fehler machen."

Nicky sah sie an und war sich nicht sicher, wer von ihnen es war, der den Fehler gemacht hatte.

„Ich muss Saphir zu Maddy Proctor bringen. Sie bereitet gerade eine Box für ihn vor. Wo willst du hin?"

„Ich wollte zu dir. Ich habe von Sky gehört." Brenda streckte die Hand nach unten und ließ Sky ihre Finger beschnuppern. „Das war die beste Neuigkeit seit Langem."

„Hast du auch alles andere gehört?"

„Zum Teil. Es gehen alle möglichen Gerüchte um. Aber das hier hat wohl jeder mitbekommen." Sie streckte den Arm aus und deutete auf das vom Feuer verwüstete Feld.

Jetzt sah es auch Nicky, zum ersten Mal. Das gesamte Feld war schwarz und grau. Nicht ein einziger Halm war verschont geblieben. Auch die Böschung war angebrannt, wenn auch nicht so schlimm. Das Gras war an manchen Stellen versengt. Von einigen Büschen waren nur Aschehaufen übrig geblieben. Ein verkohlter Baum stand da wie ein Außerirdischer und reckte seine blattlosen Zweige anklagend zum Himmel. „Es sieht traurig aus. Wie tot."

„Ich schätze, das ist es auch. Zumindest jetzt. Aber im nächsten Jahr wird neues Getreide wachsen."

„Aber hoffentlich ohne Kreise."

Brenda sah ihn bedeutungsvoll an. „Und ohne all den Ärger, die sie mit sich gebracht haben."

Nicky ließ Saphirs Führstrick locker. Das Pferd senkte den Kopf, schnupperte am Boden und reckte dann den Hals, um Midnight zu begrüßen.

Midnight spitzte die Ohren und beschnupperte Saphir.

„Sie scheinen sich zu mögen", stellte Brenda fest.

Nicky beobachtete die beiden Pferde. Saphir pustete Midnight an. Midnight knabberte an seinem Mähnenkamm herum.

„Du weißt, dass Fern weg ist, nicht wahr?"

„Ich dachte es mir. Wenn ich auch nicht ganz verstehe, warum sie Saphir nicht mitgenommen hat."

„Das ist eine lange Geschichte."

„Auch das dachte ich mir."

Einen Moment lang schwiegen sie. Nicky starrte hinab auf das verbrannte Feld.

Plötzlich bemerkte er einen blauen Schimmer in Saphirs Mähne. Die letzte Perle im Zopf hatte sich gelöst und wurde nur noch von einigen Haaren gehalten.

Brenda wendete ihren Blick nicht vom Feld ab.

„Wirst du mit Fern in Kontakt bleiben?"

„Nein. Eigentlich nicht. Aber …"

Nicky zupfte die Perle aus der Mähne und rollte sie langsam zwischen Daumen und Zeigefinger hin und her.

„Würdest du etwas für mich tun?"

„Was?"

„Ich weiß, in welcher Stadt sie wohnt und in welcher Straße. Ich kenne auch ihren Nachnamen." Nicky zögerte. „Würdest du mir mit einem Brief an sie helfen? Ich schreibe ihn selbst, aber du müsstest ihn auf Fehler durchsehen. Es gibt da etwas, das ich ihr schicken möchte."

Brenda sah Nicky fragend an. Doch dann nickte sie. „Kein Problem."

Nicky beugte sich leicht nach vorn und schob die kleine Perle in die hintere Tasche seiner Jeans. Der Brief würde nicht lang werden. Fern sollte nur wissen, dass alles in Ordnung war. Und die Perle sollte eine Art Schatz für sie sein. Etwas, das sie an Saphir erinnerte. Etwas, das sie für immer behalten konnte.

Er sah Brenda an. „Wir sollten jetzt lieber losreiten. Inzwischen müsste Maddy Proctor Saphirs Box neu tapeziert haben."

Brenda lachte. „Sie hat wahrscheinlich schon eine Tasse Wasser für dich bereitgestellt und einen Eimer heiße Schokolade für ihn."

Gemeinsam ließen sie ihre Pferde vorsichtig den glitschigen Abhang zur Straße hinuntergehen.

Als sie das Tor zum Feld erreichten, hörte der Regen auf, und die Sonne kam heraus. Alles roch wie frisch gewaschen.

Nicky ließ Saphir anhalten und sah zurück. Über dem Feld zogen zwei Elstern ihre Kreise. Er trieb Saphir wieder an und holte Brenda und Midnight ein. Dann trabte er an ihnen vorbei. Mit Sky an seiner Seite ritt er auf Saphirs neues Zuhause zu.

ANMERKUNG DER AUTORIN

Bei jedem Buch, das ich schreibe, tragen andere Leute etwas zum Ablauf der Geschichte bei, entweder weil ich sie nach ihrer Meinung gefragt habe oder rein zufällig mit einer beiläufigen Bemerkung, die bei mir einen neuen Gedankengang auslöst, durch den die Geschichte eine andere Wendung nimmt oder auch an Tiefe gewinnt. Einigen von ihnen möchte ich an dieser Stelle danken:

Mike Ward und seinen Kollegen vom Tierheim in Stubbington dafür, dass sie sich so viel Zeit genommen haben, mir zu helfen und mich zu beraten.

Steve Gerrard, der sich die Mühe gemacht hat, mich aufzusuchen, und der sogar ein Videoband über „mysteriöse Vorkommnisse“ für mich zusammengeschnitten hat.

John Rushton für seine Mühen und seine unendlich hilfreichen „heißen Tipps“.

Der „Pferderetterin“ auf dem Pferdemarkt in der Beaulieu Road, die einen ganzen Vormittag mit mir verbracht und mir alles über Schlachtpferde erzählt hat.

Alois Podhajski, einem Experten für Pferde und Reiten, dessen Bücher meine wichtigsten Nachschlagewerke waren.

Brian Farrow, der mir mit großer Geduld geholfen hat, ein Holzpferd zu schnitzen.

Lies mich ...

Leseprobe aus dem Ravensburger Taschenbuch 52388 „Die Mädchen von der Pferderanch – Eine Chance für Britt“ von Gina Mayer

Der lila Blütenkopf der Distel flog in hohem Bogen über den Waldpfad. Zack, und noch einer. Wütend hieb Britt mit einem Stock auf die Pflanzen am Wegrand. Eine große Brennnesselstaude bog sich nach hinten, schnellte dann plötzlich wieder zurück und traf sie am Arm. Sie rieb sich die nackte Haut über dem Ellenbogen. Der brennende Schmerz passte zu ihrer Wut. Noch sechs Wochen bis zu ihrem zwölften Geburtstag. Wie hatte sie sich auf diesen Tag gefreut.

„Wenn du zwölf wirst“, hatte ihr Vater versprochen, „dann schenk ich dir ein Pferd.“

Als er das gesagt hatte, war Britt zehn gewesen. Damals war er jeden Morgen um sieben aus dem Haus gegangen und abends um neun oder zehn zurückgekommen. Sie hatten ihr Haus in der Stadt und das Wochenendhaus in der Eifel, zwei Autos, und in den Ferien machten sie Cluburlaub in Griechenland oder Tunesien. Britt ging reiten, Tom spielte Tennis, ihre Mutter nahm Klavierstunden. Alles, alles war gut.

Aber dann verlor Britts Vater seine Arbeit. „Der Betrieb wird umstrukturiert", sagte er. „Die brauchen mich nicht mehr."

„Du hast doch sofort was Neues", tröstete ihn seine Frau. Aber so war es nicht.

Am Anfang las er jeden Tag Stellenanzeigen, schrieb Bewerbungen und machte sich Hoffnungen. Irgendwann saß er nur noch vor dem Fernseher. Sie verkauften zuerst den Mercedes, dann das Wochenendhaus. Irgendwann konnten Britts Eltern die Raten für das Haus nicht mehr bezahlen und mussten auch das verkaufen. Daher waren sie vor fünf Wochen in die Wohnung am Stadtrand gezogen. „Von hier aus bin ich auch viel schneller im Büro", erklärte ihre Mutter. Denn sie arbeitete jetzt wieder als Sekretärin.

Ihr Vater interessierte sich für nichts mehr. „Kannst du dich nicht ein bisschen anstrengen, um wieder eine Stelle zu finden?", sagte ihre Mutter manchmal in einem Ton, der sanft und geduldig klingen sollte, aber in Wirklichkeit nur genervt war.

„Lass mich in Ruhe mit deinem Genörgel", erwiderte Britts Vater dann, ohne den Blick vom Fernseher zu wenden.

Sie wohnten immer noch in Düsseldorf, aber es kam ihr wie eine ganz andere Stadt vor. Die Häuser waren hoch und grau, ein Balkon hing unter dem anderen, zwischen den einzelnen Blöcken waren grüne Rasenstreifen, die Britt und Tom nicht betreten durften, weil da immer die Hunde hinkackten. Im Treppenhaus roch es nach Zigarettenrauch und scharfem Putzmittel, auf den Fensterbrettern im Flur standen künstliche Topfpflanzen.

„Es ist doch nicht schlecht hier“, besänftigte ihre Mutter. „Wir sind direkt im Grünen.“

Das stimmte, denn gleich hinter den Häusern lag der Wald. Schmale Pfade zogen sich kreuz und quer unter den Buchen und Erlen durch. Ideale Reitwege. Wenn man ein Pferd hätte. Aber Britt hatte keins und sie würde auch nie eines bekommen. Das war ihr klar geworden, nachdem ihr Vater vorhin total ausgerastet war, als sie ihn an sein Versprechen erinnert hatte.

„Das glaube ich ja nicht!“, hatte er Britt angebrüllt. „Wir rackern uns hier ab, um irgendwie über die Runden zu kommen, und du willst ein Pferd zum Geburtstag!“

„Du rackerst dich gar nicht ab. Nur Mama schuftet wie eine Irre!“, schrie Britt zurück, und für einen Moment sah ihr Vater aus, als wolle er sie schlagen. Sie bekam richtig Angst. Aber dann drehte er sich nur weg und stellte den Fernseher lauter.

Kein Pferd, kein Pferd, kein Pferd. So sah es aus.

Britt hätte heulen können. Aber sie wollte nicht weinen. Also köpfte sie lieber noch eine Distel am Wegrand.
Jetzt lichtete sich das Gehölz. Sie war schon öfter durch den Wald gerannt, aber in dieser Ecke war sie noch nie gewesen. Der Weg führte aus dem Schatten der Bäume in ein sonnendurchflutetes Tal. Ein paar Bauernhöfe zwischen grünen Hügeln. Und davor ... eine Pferdekoppel.
Na prima, dachte Britt. Als ob nicht alles schon schlimm genug wäre. Einen Moment lang überlegte sie, ob sie einfach umdrehen sollte. Durch den Wald, zurück nach Hause. Aber was sollte sie da? Mama war noch bei der Arbeit, Tom spielte Fußball mit seinen neuen Freunden, Papa hockte im verdunkelten Wohnzimmer und war vermutlich immer noch sauer auf Britt.

Früher hatte sie praktisch im Reitstall gewohnt. Gleich nach der Schule war sie mit Magdalena und Clara zum Gestüt gerannt. Maggie ritt Max, Claras Pferd war Leila und Britt hatte Sultan. Sultan, der braune Quarter-Horse-Wallach, der eines Tages ihr gehören sollte. Ach was, eines Tages. An ihrem zwölften Geburtstag. Wütend wischte sich Britt eine Träne von der Wange. Aus der Traum. Jetzt konnten sie

sich nicht mal mehr Reitstunden leisten. Geschweige denn ein eigenes Pferd.
Auf der Koppel im Tal grasten neun Pferde. Es waren ganz unterschiedliche Tiere, erkannte Britt, als sie an das Gatter trat. Ein Tinker, zwei Haflinger, ein hoher Fuchs, ein Jütländer, ein Shetlandpony, ein Appaloosa-Hengst und zwei Quarter Horses. Britt spürte einen Stich in der Brust, als eines der braunen Westernpferde neugierig den Kopf hob und sie ansah. Es war eine Stute, aber sie hatte schwarze Augen. Wie Sultan. Nein, Unsinn, nicht wie Sultan, kein Pferd war wie Sultan.
Britt pflückte ein Büschel Klee und streckte es durch die Holzbalken des Gatters. Die braune Stute näherte sich neugierig. Weiche Pferdelippen schlossen sich um die grünen Halme. Britt sog den Pferdegeruch ein. So riecht Glück, dachte sie.
Nach und nach kamen alle Pferde zu Britt und reckten die Hälse nach dem Klee, den sie ihnen anbot. Nur der Appaloosa-Hengst hielt sich zurück. Misstrauisch tänzelte er von einem Fuß auf den anderen, wenn Britt ihn auch nur ansah. Ein schönes Tier, schwarz-weiß getupftes Fell mit kurzer seidiger Mähne. Besonders auffällig waren seine Augen, pechschwarz und von einem weißen Rand umgeben, Menschenaugen nannte man das.

„Vor mir brauchst du doch keine Angst zu haben“, sagte Britt leise. Der Appaloosa hob den Kopf und schnaubte verächtlich, als habe er sie verstanden. Appaloosas sahen eigentlich immer so lustig aus mit ihren schwarzen Flecken auf dem weißen Fell, wie der Apfelschimmel von Pippi Langstrumpf, aber dieses Pferd wirkte nervös und angespannt.

„Guck mal hier, nur für dich“, rief Britt und wedelte mit einem Büschel Gras.

„Mit so was kriegst du Jesse nicht rum“, hörte sie direkt hinter sich eine spöttische Stimme.

Britt fuhr erschrocken herum. Da stand ein schlaksiger Junge in schmutzigen Jeans und Gummistiefeln. Über der Schulter baumelte Zaumzeug. Seine braunen Haare waren ziemlich zerzaust und über seinem rechten Ohr hing ein Grashalm. Als habe er sich im Heu gewälzt.

Als er ihr erschrockenes Gesicht sah, grinste er frech. „Keine Angst. Ich will dein Geld nicht. Und weil heute dein Glückstag ist …“ – geschickt schwang er sich neben Britt über das Gatter – „… kommst du ausnahmsweise mit dem Leben davon.“

Sie suchte nach Worten und fand keine. Sie kam sich dumm vor. Das weit geöffnete Maul einer zutraulichen Haflinger-Stute drängte sich durch das Gatter. Britt merkte, dass sie immer noch das Klee-

bündel in der Hand hielt. Hastig streckte sie es der Stute hin. Wrrampf, wrrampf, wrrampf, drei Bisse, und das Büschel war weg.
Der Junge stand jetzt neben dem Appaloosa. „Schönes Tier, was?“, fragte er stolz. Als er sie ansah, bemerkte sie, dass seine Augen grün waren. Braune Haare und grüne Augen, das war ungewöhnlich.
Britt nickte. „Jesse heißt er?“, erkundigte sie sich, während sie der Haflinger-Stute über das feste Fell auf der Stirn streichelte.
„Jesse James“, erklärte der Junge. „Wie der berühmte Westernbandit.“
Britt lachte. „Er ist aber ein bisschen furchtsam für einen Banditen.“
„Mit Menschen hat er schlechte Erfahrungen gemacht.“ Der Junge schob dem Pferd eine Trense ins Maul und begann ihn aufzuzäumen. Er war sehr geschickt. Britt hatte noch nie einen Jungen gesehen, der ein Pferd sattelte. In ihrem Reitstall waren immer nur Mädchen gewesen.
„Gehört er dir?“, fragte sie und versuchte, nicht an Sultan zu denken.
„Schön wär’s. Nee, ich arbeite auf der Ranch dort drüben. Und du?“ Eine Hand auf Jesses Hals, wandte sich der Junge Britt zu. „Reitest du auch?“
Britt zuckte mit den Schultern. „Hm.“

Dem Jungen schien das als Antwort zu genügen. „Kannst ja mal vorbeikommen, wenn du Lust hast.“ Er deutete mit dem Kopf zu dem Gebäude auf der anderen Seite der Wiese. Jetzt begann er das Westernpferd aufzuzäumen.
„Hey Bastian!“ Ein schlankes Mädchen rannte den Feldweg entlang und stürmte auf die Wiese zu. Sie trug spitze Reitstiefel und eine enge Jeans im Cowboy-Cut, dazu ein kariertes Hemd – Kleidung, wie man sie zum Westernreiten trug. Ein hellblonder Pferdeschwanz, der hin und her wippte. Ihre Klamotten, ihre Frisur, alles an ihr wirkte total cool. Ganz im Gegensatz zu Britt. Ihr wurde plötzlich bewusst, wie andere sie sehen mussten: Die kinnlangen, dunkelblonden Haare ungekämmt, das ausgeleierte grüne T-Shirt, die Jeans, aus denen sie inzwischen herausgewachsen war. Seit sie hier wohnte, war es ihr vollkommen egal, wie sie aussah. Sie zog morgens irgendwelche Kleidungsstücke aus dem Schrank und trug sie, bis sie schmutzig waren. Dann holte sie irgendwas anderes hervor. Schicke Klamotten waren zurzeit ihr geringstes Problem …
Die Blonde musterte Britt flüchtig, als sich ihre Blicke begegneten, wandte sie die Augen sofort wieder ab. „Bist du endlich soweit?“, fragte sie den Jungen. „Ich wollte noch vor Mitternacht los!“

„Hier, halt Jesse mal eben“, entgegnete der Junge, der offensichtlich Bastian hieß. Er öffnete das Gatter und wollte dem Mädchen die Zügel geben.
„Bist du verrückt? Ich fass das Biest nicht mehr an!“ Sie wich zurück, und für den Bruchteil einer Sekunde überlegte Britt, ob sie selbst … Aber als sie ihre Hand ausstreckte, war Bastian mit Jesse schon an ihr vorbeigegangen. Hatte das Mädchen Britts Handbewegung gesehen?
„Cabana ist schon fertig“, rief Bastian über die Schulter zurück, während er sich auf den Rückweg machte. „Du musst sie nur noch satteln und reiten, wenn das nicht zu viel verlangt ist.“ Zu Britt sagte er kein Wort mehr.
„Na, dann komm, Cabana!“ Das blonde Mädchen führte das Quarter Horse von der Weide und schloss das Gatter. Dann ging sie den Pfad zur Ranch hoch, ohne Britt noch einmal anzuschauen.
Komisch, dachte sie, vorhin im Wald fühlte ich mich mies. Dabei ging es mir großartig im Vergleich zu jetzt.

Der Geruch war so vertraut. Auch der Lärm, der aus dem Klassenzimmer auf den Flur drang. Genau wie in ihrer alten Schule in Oberkassel: Jungsgegröle und darüber helle Mädchenstimmen. Es roch wie früher, es klang wie früher, aber natürlich war alles anders.

„6a" stand in weißen Lettern auf dem schwarzen Schild neben der Tür. Britt hielt ihren Rucksack mit den Büchern wie einen Schutzschild vor die Brust und trat durch die Tür. Auf der Schwelle blieb sie stehen. Links ein Pulk Mädchen, dazwischen tobende Jungs.

Alle redeten, lachten, schrien durcheinander, es war der erste Schultag nach den Ferien und es gab so viel zu erzählen. Alle kannten sich, nur Britt war neu.

Hinter ihr betrat die Lehrerin den Raum. Frau Balken. Britt hatte sie schon vor dem Lehrerzimmer getroffen. Frau Balken legte ihr die Hand auf die Schulter. Vielleicht befürchtete sie, dass Britt plötzlich weglaufen könnte. „Guten Morgen. Ab heute haben wir eine neue Schülerin bei uns", sagte sie schwungvoll. Ihre Stimme übertönte den Lärm im Klassenzimmer. „Britt Flaming."

Es war, als ob man eine Stereoanlage leiser drehte, das Geschrei verebbte langsam, bis nur noch zwei

Jungen in der letzten Reihe zu hören waren, die schließlich auch betroffen schwiegen. Neunundzwanzig Schüler gab es in der Klasse. Achtundfünfzig Augen starrten Britt neugierig an. Sie blickte verlegen zurück. Dabei bemerkte sie das Mädchen in der zweiten Reihe.

Es war die Blonde von der Pferdekoppel. Britt erkannte sie sofort wieder, aber das Mädchen schien sich nicht zu erinnern, dass sie sich schon einmal begegnet waren, jedenfalls war ihr Gesichtsausdruck vollkommen leer.

„Es wäre nett, wenn ihr Britt helft, sich schnell bei uns am Marie-Curie-Gymnasium einzugewöhnen", sagte Frau Balken fröhlich. Ein paar Kinder lächelten, das Pferdeschwanzmädchen kaute gelangweilt am rechten Zeigefingernagel. Niemals werde ich mich hier wohlfühlen, beschloss Britt.

Das Mädchen mit dem Pferdeschwanz hieß Celine und war die Wortführerin in der Klasse. Alle anderen Mädchen bewunderten sie und die Jungen zogen sie an ihrem blonden Zopf, aber insgeheim fanden sie sie auch toll. Das alles wurde Britt gleich in der ersten Pause klar.

Direkt nach dem Gongschlag war Celines Tisch umlagert von Mädchen. Wie Bienen umschwärmten

sie ihren Stuhl, drängten sich neben sie, vor sie, hinter sie, um sie herum, surrend und summend. Celine zeigte ihre Urlaubsfotos.
„Wow, die Pferde im Sonnenuntergang!“, schwärmte eine kräftige Dunkelhaarige.
„Hast du ein Glück, Celine“, sagte ein kleines Mädchen mit braunen Locken neidisch. „Ich war mit meinen Eltern in Holland. Zwei Wochen Camping. Es hat nur geregnet.“
Celine lächelte herablassend. „Ja, es war nicht uncool“, gab sie zurück. „Obwohl es superheiß war, ich hab nachts kein Auge zugetan. Aber ich hätte ohnehin nicht schlafen können.“ Sie schwieg verheißungsvoll. Wie auf Kommando verstummten die anderen Mädchen und starrten Celine mit offenem Mund an.
„Ich hab da so einen süßen Typen kennengelernt“, erklärte sie. „Timo. Mann, ich war noch nie so verknallt.“ Die große Dunkelhaarige seufzte und alle begannen wieder durcheinanderzuquasseln.
Britt verdrehte die Augen und packte ihren neuen Stundenplan in den Rucksack. Eines der Mädchen wandte sich plötzlich zu ihr um. „Willst du auch mal gucken, Britt?“ Sie lächelte freundlich und wedelte mit Celines Urlaubsfotos.
Nein, dachte Britt. Sie wollte kein einziges dieser

blöden Bilder sehen. Aber was blieb ihr schon anderes übrig. Zwei Mädchen machten ihr Platz, sodass sie an den Tisch treten konnte.
„Ich heiße Mara", stellte sich das Mädchen vor, das sie dazugeholt hatte. Sie reichte ihr den Fotostapel.
„Ich bin Franzi", sagte die Kleine mit den Locken.
„Und ich heiße Vivian", fügte das kräftige dunkelhaarige Mädchen hinzu. „Reitest du auch?"
Britt starrte auf das oberste Foto, Celine hoch zu Ross am Meer. Sie sah so verdammt hübsch aus. Vivian wartete auf eine Antwort, die anderen auch, Britt konnte ihre fragenden Blicke auf sich spüren. Nur Celine schaute vermutlich wieder irgendwo anders hin.
„Jetzt nicht mehr", antwortete Britt leise.

Das war der erste Tag an ihrer neuen Schule und die nächsten waren nicht besser. In den Pausen ging sie aufs Klo, damit sie nicht die ganze Zeit allein im Klassenzimmer oder auf dem Pausenhof herumstand. Hinterher wusch sie sich so ausgiebig die Hände wie nie zuvor in ihrem Leben. Ihr Gesicht im Spiegel sah fremd aus, ein blasses, jungenhaftes Mädchen mit ein paar Sommersprossen auf der Nase, das sich nichts aus seinem Aussehen machte. Früher hatte Clara Britt damit aufgezogen, dass sie so eitel war: „Alle fünf Minuten 'ne neue Frisur, das hält man ja im Kopf nicht aus", hatte sie immer gespottet. Heute kämmte Britt sich nicht mal mehr nach dem Aufstehen.

Kannst ja mal vorbeikommen, wenn du Lust hast, hatte Bastian gesagt, aber natürlich ging Britt nicht hin. Auf der Ranch hing Celine mit ihrer Clique ab. Und Britt hatte schon in der Schule genug von Celine, warum sollte sie sich das Ganze auch noch in ihrer Freizeit antun. Außerdem hatten ihre Eltern ohnehin kein Geld mehr für Reitstunden. „In ein paar Monaten vielleicht wieder, Liebes", hatte ihre Mutter gesagt, als Britt sie vor einem halben Jahr darauf angesprochen hatte. „Aber vorher müssen wir erst mal ein bisschen sparen."

In ein paar Monaten vielleicht hieß in Wirklichkeit: Vergiss es. Bei dem mageren Gehalt ihrer Mutter würde es Jahre dauern, bis sie wieder einigermaßen aus den Schulden raus waren. Nein, auf der Ranch hatte Britt nichts verloren. Lieber hockte sie allein in ihrem Zimmer und hörte laut Musik, bis ihr Bruder mit den Fäusten gegen die Wand hämmerte. Oder sie rannte im Wald herum und köpfte Disteln.

Sie vermisste ihre Freundinnen. Vor allem Clara.

Nach dem Umzug hatten sie noch ein paarmal telefoniert, aber irgendwie hatten sie sich nichts mehr zu sagen. Clara hatte ihr Leben und ihre Freunde und das Gestüt. Und Britt hatte nichts.
Die Mädchen in ihrer neuen Klasse waren alle blöd. Kaum tauchte das blonde Pferdeschwanzmädchen auf, verwandelten sie sich in gackernde Hühner. Celine und ihre Stute Cabana, Celine und ihr Urlaubsflirt, Celine und ihr neuestes Reitabenteuer, Celine, Celine, Celine.

Ravensburger Bücher **Absolut lesenswert!**

Gefahr auf der Pferderanch

Gina Mayer

Celines größter Sieg

Die Mädchen von der Pferderanch, Band 2

Celine trainiert für ein wichtiges Turnier. Sie und ihre Gegnerin Isabel werden vom selben Reitlehrer unterrichtet. Bald geschehen seltsame Dinge und es wird klar: Hier ist ein Saboteur am Werk.

ISBN 978-3-473-**52389**-4

RTB_08_060

www.ravensburger.de